まちのえき

歩いて行ける拠点づくり

生駒市長
小紫雅史
Masashi Komurasaki

学芸出版社

はじめに——歩いて行ける自治会館や公園をまちの拠点にしよう!

奈良県生駒市は、住民・事業者・行政がともに汗をかきながら、歩いて行ける自治会館や公園に生駒市版「まちのえき」を100か所創ることを目標に取り組みを進めています(2024年6月現在12か所設置済み、3か所準備中)。

毎週1、2回ボランティアによって開催される健康体操教室にあわせて、スーパーの移動販売車を呼んで買い物したり、キッチンカーを呼んでランチをみんなで楽しんでいます。また、自宅で不要になった本や漫画を集めてまちかど図書館を創設、食器や雑貨を集めてリユース市を実施、食べきれない食品や農作物を集めて地域食堂・認知症カフェなどを開催しています。移動保健室、みんなのプール、夏休み宿題合宿、地域農園の開設など、地域独自の取り組みも生まれています。

「まちのえき」の整備を始めたきっかけは、ここ数年、高齢者を中心に、免許返納・移動手段の確保に対する不安が急速に広がったことでした。「暴走老人」に関するメディア報道と免許返納への社会的要請を受け、高齢者から免許返納の相談、それと同時に、民間交通や市バスの拡充を求める声が急速に高まりました。しかし、燃料費の高騰や運転手の雇用問題に悩む公共交通の事業者が現状以上にバス路線を拡充する可能性はゼロに等しく、維持してもらうだけでありがたいのが現状です。また、市が主導でバスを走らせても、カバーできない路線もありますし、実際の利用はまだ少ないので、それだけでは問題の解決には不十分と言わざるを得ません。

そこで、発想を逆転させ、公共交通を拡充するだけではなく、免許のない高齢者等でも「歩いて行ける」場所に地域拠点「まちのえき」を整備することが課題解決につながると考えたのです。

実際に始めてみると、コロナ禍の難しい時期にもかかわらず、多くの地域から関心が寄せられ、毎年4、5か所ずつ開設が進んでいます。ニーズは確実にあるのです。生駒市版「まちのえき」は、これからの少子高齢化、人口減少時代の我が国に不可欠な社会インフラであり、脱炭素や資源循環、地域共生社会、そして、移動販売や創業支援などの地域経済の活性化にも大きな一石を投じる取り組みでもあります。

本書では、この「まちのえき」の具体的な取り組みについて、具体的かつ丁寧に説明をし、皆様の地域でも「やれそうだ」「やってみよう」という動きにつながるように記述しています。また、取り組みを具体化するにあたっての課題や対応方法などにも触れ、「まちのえき」が広く全国に広がるよう、マニュアルとしても活用いただけます。

少子高齢化時代の地域課題を解決するためには、「誰一人取り残さない」だけでなく、「誰一人として単なる『お客様』にせず、何らかの役割を持って活動してもらう」ことが不可欠です。

「まちのえき」を拠点に、すべての人が役割を持ち、人に頼り、心地良い「ごちゃまぜ」の関係を築きながら、安心して楽しく豊かに暮らせる地域を全国に広げていこうではありませんか。

目次

第2章 「まちのえき」でのさまざまな活動 …… 33

第3章

「まちのえき」の現状と多様な効果

第4章 「まちのえき」の立ち上げ方……151

第5章 成功のポイント……191

序章

これが生駒市版「まちのえき」だ！

エピソード1　平日編

通勤・通学の喧騒が収まってしばらくたった平日の午前、生駒市のとある自治会館には近所の高齢者が三々五々集まってきました。

そこで始まるのは「いきいき百歳体操」。50人も集まっているでしょうか。皆さん慣れた手つきでいすを並べ、手足首に重りをつけて体操を始めます。

並行して、小さい子どもを連れたお父さん、お母さんがお揃いでやってきました。百歳体操の隣の部屋には子どもたちの遊び場があり、絵本の読み聞かせも始まったようです。

体操や読み聞かせが始まってしばらくすると、軽トラックが何台かやってきて、自治会館の隣の公園に駐車しました。何やらいろんな商品や野菜が並んでいます。お弁当、お惣菜、スーパーの商品に新鮮野菜。赤ちゃん用品や日用品のブースも出ていて、ちょっとしたマルシェのようです。

11時になると、絵本に飽きた子どもたちは公園に出てきました。大人たちは子どもを見守りながら、子育ての話題に花を咲かせています。自治会館に地域から寄贈された大量のプラレールをつなげて大きな線路を作る子どもも出てきました。子どもよりお父さんのほうが真剣かもしれません。

百歳体操が終わった高齢者の皆さんは、そのまま部屋でコーヒーを飲んで雑談する人、まちかど図書館に移動して本を選ぶ人、公園に出てきて子どもたちと遊ぶ人などに分かれています。

家から持ってきた使わない食器をリユースの専用棚に並べる人もいます。ギターの得意な方が演

市内100か所以上で開催される百歳体操

奏する音色は、あたり一帯の自然なＢＧＭになっています。

時間のない人は、お買い物をして帰宅を急いでいますが、多くがゆったりと午前の時間を楽しんでいるようです。

今日は、自治会館で「まちの食堂」が開催される日なので、会館のキッチンには5名ほどのメンバーが調理を始めています。

「野菜差し入れやで」「新米みんなで食べてな」「みんなで食べようと思って佃煮持ってきたわ」との声も聞こえます。

いつの間にか、地域のフリースクールや障がい者施設からも応援のメンバーが来てくれました。デザートを作ったり、お客さんの受付、配膳を手伝ってくれたりするようです。

少しずつお客さんが増えてきました。公園で遊んでいた親子連れもお昼を食べにやってきました。「お昼だけでもここで食べさせてもらえると助かるわ」「食器洗わなくていいしね」との声も聞こえます。手にはマイバッグいっぱいの野菜、お肉、牛乳におむつや離乳食。当面必要な買い物も終わっているようです。

野菜の販売に来ていた農家の皆さんも「まちの食堂」にやってきて、会場は賑やか。作り置きの惣菜の販売も始まり、晩御飯に買って帰る一人暮らしの高齢者、子育て世帯の親御さんもいます。「これだけ唐揚げあったら、夜はお味噌汁、作るだけでええから楽やわー」「1個多めに入れといたげるわ」。

「まちの食堂」が終わると、ようやく午後の自治会館は少し静かになります。でも、今日は放課後にやってくる子どもたちの大好きな駄菓子を用意しています。

会話も食も進む地域食堂

自治会館を開放する日にもなっています。スタッフは子どもたちのため、駄菓子を用意しています。

14時をすぎて、低学年や幼稚園の子どもたちが少しずつやってきました。駄菓子を買う子、「まち

多様な文化が楽しめる野外でのパフォーマンス

かど図書館」の漫画を読む子、自治会館のゲームをさっそく始める子どもたちなど。

元教師の高齢者が声を掛けます。「宿題やりに来たんちゃうん？」。

子どもたちが駄菓子を食べながら返します。「ゲームの後でやるわ」。

子どもたちの声に包まれて、自治会館も公園もいつもより少しうれしそうな平日の午後です。

エピソード2　休日編

朝の8時半。休日なので、まだベッドから離れられない人も少なくない中、生駒市のとある公園には、次々とキッチンカーが入ってきました。どんぶり、中華、カレー、クレープ、デザート、コーヒーなどいろんなメニューが揃っています。

ワークショップや販売のブースも準備が始まり

キッチンカーで休日のランチを楽しむ

ました。

どうやら、今日はここで「まちのマルシェ」が行われるようです。

9時の開始時刻にやってきたのは地域のおじちゃん、おばちゃんたち。青空市の掘り出し物、イチゴがお目当てのようです。奈良のイチゴは最近全国的にも注目を集めています。

自治会館でもマルシェと連動する形で、血圧や骨密度の測定が始まりました。保健師も来てくださり、健康相談もスタート。

隣の部屋では、子どもたち向けのワークショップや子ども服のリユースの準備が進んでいます。文房具、絵本・書籍など、子ども関係のリユースはいつも大人気。この自治会では子どものおもちゃのリユース市も開催しています。おもちゃの使い方をお兄ちゃんが小さい子に教える光景も見ら

マルシェは多世代で楽しめる人気イベント

れます。

11時前になると、いつもより少し遅く目覚めた若い世代が子ども連れでやってきました。子どもたちはワークショップや公園遊びにさっそく参加。スマホでゲームをしたり、カードゲームをしたりする子たちもいますが、みんな集まると体を使って元気に遊ぶ子どもたちも増えていきます。

この地域では「まちの農園」と称して、遊休農地を地域のみんなで耕し、種をまいて管理し、収穫祭をしています。今日はジャガイモの収穫で、小さい子どもたちはそちらにも参加しているようです。大きな芋を手に公園にやってくる親子連れも増えてきました。自治会のメンバーは朝に収穫したジャガイモでフライドポテトやじゃがバター、豚汁、カレーを作っています。

BBQも始まりました。その横では、モルック

多世代が集まる公園でのダンボール遊び

やペタンクなど、気軽にできるスポーツが始まっています。飲み物や食べ物を片手に、世代を問わず、皆さん楽しんでいます。

公園の反対側では、地域内外の音楽グループが集まって演奏しています。

「雨が降らなくて良かったなあ」と言う自治会長。朝からてんてこまいでしたが、ようやく一息ついて、たくさん集まった人たちを見ながら、うれしそうにじゃがバターを食べています。

「まちのえき」の様子、おわかりいただけたでしょうか。次章では少し大きな視点から「なぜ「まちのえき」が必要なのか」をご説明し、2章では「まちのえき」のさまざまな活動をご紹介します。そして3章ではその効果について、4章、5章では読者のみなさんが「まちのえき」を立ちあげる場合の手順や成功のためのポイントをご説明します。

第1章

なぜ「まちのえき」が必要なのか

1－1　人生百年時代を喜べない一人暮らし世帯の急増

序章で紹介した「まちのえき」ですが、どうして今、このような場所・機能が必要となっているのでしょうか。第1章では、その社会的な背景を整理します。

最初に考えられるのが、急速な高齢化の進展とそれに伴う移動支援問題の深刻化です。

平均寿命の延伸とそれに伴う課題

日本人の平均寿命は、男性81・05歳、女性87・09歳[文1]と、世界でもトップ水準です。2023年9月に総務省統計局が発表したデータ[文2]によると、

・高齢者人口は1950年以降初めて減少したものの、3623万人と高水準。
・総人口に占める高齢者人口の割合は29・1％で過去最高。
・75歳以上人口が初めて2千万人を超え、10人に1人が80歳以上。
・日本の高齢者人口の割合は、世界で最高（200の国・地域中）。

となっています。

長寿の国づくりが進んでいること自体はもちろん素晴らしいことですが、高齢化に伴ってさまざ

まな課題が生じているのも確かです。

高齢者世帯の増加と自動車の運転に対する不安の増大

高齢化に伴い、一人暮らしの高齢者も増えています。高齢者に占める一人暮らしの方の割合は、1980年に男性4・3%、女性11・2%だったのに対し、2020年には男性15・0%、女性22・1%と大きく上昇しています。[文3]

体力が落ち、身の回りのことができなくなったり、要支援・要介護状態となった高齢者を社会全体でどのように支えていくのかが大きな課題です。

私は市内の高齢者サロンに毎年数か所お邪魔し、心配事やまちの課題などを尋ねていますが、高齢者からお伺いする不安の内容が近年大きく変化しています。数年前までは認知症をはじめとする介護の問題が圧倒的に多かったのですが、この2、3年、認知症を上回る勢いで、免許返納や公共交通の維持など、移動支援に関する不安が広がっているのです。

この原因として、高齢者が運転する車が交通事故を起こしたことがニュースで大きく取り上げられ、「暴走老人」などというレッテルが張られる中、家族から、そして社会的にも高齢者が車を運転することに対する視線が厳しくなっていることが挙げられます。その一方で、

「免許を返したほうがいいと思うが、買い物や通院にどうしても必要」

「坂の多い地域に住んでいるから、免許返納したら生きていけない」などの声も多く届けられており、市の最重要課題の一つとなっています。

市営バスを走らせても、ライドシェアを解禁しても抜本的な解決にならない理由

免許返納や移動支援の課題を解決する方法として、よく要望されるのが、民間事業者によるバス路線を行政が支援することや、行政主導でバスやデマンドタクシーなどの公共交通を整備することです。実際に本市でも、コロナ禍や燃料費高騰に苦しむ公共交通事業者を財政支援したり、市独自の公共バスを走らせたりしています。しかしながら、このような公共交通への支援は、高齢者の不安を取り除くための答えとしては決して十分とは言えません。

例えば、民間バス事業者の支援については、バス利用者の市民とそれ以外の不公平感を生みます。市民が必要とするサービスが多岐にわたる中で、バスだけ支援する理由を説明することは容易ではありません。また、行政が財政支援をしても、抜本的な利用促進が伴わないといつまでも支援が必要となり、持続可能な行政経営・事業運営ができません。さらには、労働者不足が深刻化しており、財政支援をしても運転手やスタッフを雇用できるかどうかわからない点も課題です。

では、市営のバスやデマンド交通はどうでしょうか。市営バス等は、民間バス事業者の路線を補完する形で進めているので赤字が前提となっており、路線を拡大していくことは容易ではありませ

ん。「市のバスやデマンド交通が必要か」という質問には「ぜひ走らせてほしい」というお声が多いのですが、実際にサービス開始後の利用者は多くないのが実情です。

また、民間・公営問わず、バス路線に共通して言えることは、バス路線を拡充しても移動支援が必要なすべての人を支えることはできないということです。バス路線の維持・拡充だけでは高齢者の不安を払しょくすることはできません。

最近話題になっている「ライドシェア」については2024年4月からサービスが始まっており、タクシー不足を補うなど一定の効果も出ています。しかし、利用料金がタクシーに近い水準であれば、多くの市民にとって、買い物のたびに利用できるような移動手段とはなりえません。車しか移動手段がない地域では一定の効果を持つと考えられるものの、高齢者の不安を払しょくする抜本的な解決策とまでは言えません。

高齢化、移動支援の切り札としての「まちのえき」

以上、述べてきたように、高齢化が進み、移動支援が必要な人は増えるにもかかわらず、民間交通機関は労働力不足や利用者数の減少などにさらされ、路線見直しなどを検討せざるを得ない状況です。また、市のバスなども容易に路線拡大はできず、ライドシェアは一つの可能性を示しているものの未だ抜本的な解決策とまでは言えません。

したがって、今、私たちに必要なことは、「問いのデザインを大きく変える」ことです。すなわち、「どのような手段で住民（運転免許のない人、高齢者など）を目的地まで輸送するのか」ではなく、「住民が比較的容易にアクセスできる場所で、住民が必要とする生活機能をどのように整備するか」に問いを整理し直しましょう。「住民を動かすのではなく、サービス・機能のほうに、住民の近くまで来てもらう」という発想の抜本的な転換が不可欠なのです。

歩いて行ける場所に、みんなの力で必要な機能を創っていく「まちのえき」の考え方こそ、高齢化の進む現在、そして未来において最も効果的な社会インフラになるはずです。

1－2　出生数半減の衝撃、核家族化で孤立する子育て

急速に進む少子化も「まちのえき」が必要とされる社会的な背景の一つです。

少子化の原因は多岐にわたりますが、「ワンオペ育児」と言われる、ほとんどすべての家事や育児を一人で担う育児スタイルもその一因です。

激減する出生数

厚生労働省の統計[文4]によると、２０２３年の出生数は72万７２７７人と、前年の77万７５９人より４万３４８２人減少し、１８９９年（明治32年）の人口動態調査開始以来最少となりました。人口１千人当たりの出生率は６・０で前年の６・３より低下し、合計特殊出生率は１・20で前年の１・26より低下し、過去最低となりました。２０２４年の出生数も２０２３年よりさらに減少すると推測されています。

理想の子どもの数と現実との差はどこから来るのか

国立社会保障・人口問題研究所の調査[文5]によると、結婚当時に予定していた子どもの数と実際に生まれた子どもの数を比較したところ、予定では１割以下であった「一人以下」の割合（７％）は、現実には３割近く（27％）に達しており、予定と現実の乖離が見られます。

予定していた数の子どもを持たなかった理由として最も選択率が高いのは「子育てや教育にお金がかかりすぎるから」という経済的理由で53％となっています。一方、「これ以上、育児の心理的、肉体的負担に耐えられないから」という理由も23％に増加しています。

地域で子育てできる仕組みとしての「まちのえき」

子育ての負担を軽減するためには、夫婦や家族での助け合いはもちろん必要ですが、核家族化の進展、共働き世帯の増加など、家族の子育て機能は低下しています。子育てを家族だけに任せるのではなく、子育て世帯同士の協力、地域による支援を通じて育児の負担を少しでも解消することが少子化対策として有効です。

私も第4子誕生時に育児休暇を取得しましたが、3食作り、後片付けする大変さや、丸1日自宅で育児する精神的な負担感も経験したので、地域で育児できる場、自分と同じような子育て世代とコミュニケーションできる場は重要だと考えています。

子育て世代同士が集まり、絵本の読み聞かせや食事、買い物ができる「まちのえき」の存在は、子育て支援にもつながるはずです。

1－3　学びと活躍の場として存在感を増す地域・コミュニティ

高度経済成長の時代は、私たちの日常生活の中で「地域」が占める割合が小さくなった時代とも言えます。高度経済成長が終わり、コロナ禍を経た私たちは、日常生活を豊かにするために地域が果たす役割や可能性を見つめ直すことが必要です。

まちづくりの担い手は増えている

まちづくりの担い手が多様化していることも近年の大きな社会変化です。

人生百年時代を迎え、退職後の高齢者が地域デビューし、自治会や地域活動の担い手として活躍するケースが増えています。学生の主体性を求める事業者が増えた結果、大学の実学志向が強まり、地域活動に取り組む学生も増え、まちづくりの中で存在感を増しています。事業者もＳＤＧｓの理念を具体的な事業を通じて社会に還元することが求められており、成果をＰＲしたい企業が地域活動に協力してくれることも増えました。

コロナ禍によって現役世代の目が地域に向き始めた

このようなまちづくりの担い手の多様化の流れは、コロナ禍でさらに加速しており、特に現役世代で顕著です。現役世代は仕事を持っている人が多く、家庭と職場で大半の時間を過ごしていましたが、コロナ禍により通勤という常識が崩壊し、ステイホームやテレワークを余儀なくされたことで、地元の飲食店、素敵な散歩コースや公園、近所にお住まいの方を初めて知った、という方も少なくありません。いつもの道や公園の雑草が伸びている、ごみが落ちているのを見て、コロナ禍で停止した地域活動のありがたさを再認識した人もいるでしょう。
また、コロナ禍でホームセンターの売り上げが堅調だったことが示すように、自分で家庭菜園、DIY、料理など、身の回りや地域で「創る」生活を楽しむ人も増えました。本市でも農業を本気で学ぶスクールを立ち上げたところ、希望者が殺到しています。

市民の学び、助け合い、活躍の場としての「まちのえき」

このように、家庭と仕事だけでなく、「地域」を毎日の生活に組み入れ、ワーク・ライフだけでなく、コミュニティもブレンドしたライフスタイルを楽しむ人が増えています。退職者、主婦、学生、現役世代、事業者やNPOなど、あらゆる市民がまちづくりを楽しみ、役割を持って活躍できるきっかけや場として「まちのえき」が果たす役割も大きくなっています。

1―4　コロナ後のビジネスモデルを模索する事業者たち

コロナ禍による影響をチャンスと捉え、新しい事業形態に挑戦する事業者も少なくありません。
また、働き方改革による多様な就業形態やコロナ禍によるテレワークの浸透により、遠くに通勤するのではなく、地域の中にビジネスチャンスを見出そうとする人も増えています。

コロナ禍のピンチをチャンスに変える事業者

コロナ禍によるステイホームによる経済影響は甚大でしたが、特に飲食店が受けたダメージは計りしれません。しかしながら、このような逆境を乗り越えるべく、新しい事業への挑戦や業務改善などで生き残りを目指した飲食店もまた少なくないのです。具体的には、店内での飲食を避けてのテイクアウトや、夜の収益が落ちた分を補う弁当の移動販売などです。弁当販売は本市でも多くの店舗で実施されましたが、販売場所の確保などが課題となりました。

また、高齢化が進むこれからの社会において、駅前や国道沿いに大型店舗を出せば人が来るというビジネスモデルは廃れていくと考えられます。遠くのお店に行くことのできない人にどのように商品やサービスを届けるのかを真剣に考える必要があります。

働き方改革は残業を減らすだけではない

近年、社会的な関心が高まっている「働き方改革」。ややもすれば、残業を減らすことに目が行きがちですが、多様な働き方を具体化することこそ、その本旨です。

「都心のオフィスで働く」という常識が崩れ、テレワークによって自宅で働くという選択肢が生まれました。自宅近くのサテライト拠点で働く人も増えています。また、「会社・組織で働く」だけでなく、デジタル化を活かした創業・起業を目指す人も増えています。個人事業主たちが集まって一つのプロジェクトを完成させるコ・ワーキングという働き方も進んでいます。

「一つの会社・組織で働く」という常識を破り、「兼業・副業」を持つ人やそれを容認する会社も増えてきました。

多様な働き方の受け皿としての「まちのえき」

このような事業者や個人の働き方が変化し、多様化する中、飲食店の弁当を販売できる場として、店まで行けない高齢者などが買い物できる身近な場として、また、テレワークで働く人のサテライト拠点やランチの場として、「まちのえき」は大いに活用可能性があります。

創業・起業を目指す人にとっても、地域課題の解決につながる事業を「まちのえき」で実施する機会があれば大きなサポートになるはずです。

1-5 活用されていないまちの宝物、自治会館と公園

これまで述べたような大きな社会変動に対し、行政や地域のコミュニティに期待されている役割は小さくありません。少子高齢化、地域共生、多様な働き方を通じた地域経済循環などの課題に対応するため、どの市町村にもある自治会館や公園に大きな可能性があります。あまり有効活用されていないこれらの施設の活用が、今後の地域活性化のカギになりそうです。

さまざまな事業ができる地域の自治会館

自治会の現状

総務省によると、[文6]自治会加入率は、2010年に78・0%だったものが、コロナ禍なども経て、2020年には71・7%と大きく減少しています。

本市では、2020年度の自治会加入率が77%であり、

全国平均を上回るものの減少傾向が続いています。自治会役員の成り手がおられなかったり、活動内容のマンネリ化、共働き世帯が増えて自治会活動に参加が難しくなるなどの要因が考えられます。

まだまだ活用の余地がある自治会館と公園

自治会加入率が下がる中、地域差はあるものの、地域の自治会館は比較的活発に利用されています。団塊の世代の退職などに伴い、地域で集まり、趣味を同じくする住民が集い、スポーツや文化活動などに会館を利用する事例が多く見られます。

本市でも、自治会館の大部分に当たる約１００か所で健康体操が定期的に開催され、毎回多くの住民が集まっているほか、語学教室や文化活動などさまざまな活動が実施されています。一方、高齢者以外の住民の利用は少なく、また、多くの人が自然に集まる自治会館という場をさらに有効活用するための工夫の余地があることも事実です。

また、自治会館のほか、住民が集まる場所と言えば公園があります。大規模な地区公園から街区公園のような小規模な公園まで多種多様な公園がありますが、自治会館と隣接している公園は、地域住民が歩いて気軽に行ける場として大きな可能性を持っています。

一方、近年メディアで取り上げられるように、近所の住民から公園利用に対する苦情があったり、いろんな利用規制・制限が増えた結果、利用者がいなくなり、草が伸び放題の公園もあります。本

無限の可能性を秘めるまちの公園

市にも大小350以上の公園がありますが、うまく利用されている公園と閑古鳥のなく公園の差が顕著になっていると感じます。一定の利用者がいる公園でも、活用方法が限定的で、せっかくの場を最大限活用しているとは言えないケースが多いのが実態です。

自治会館はまちに100か所、歩いて10分圏に90%の住民

本市の自治会館は約100か所。高齢者がゆっくり歩いても、15分ほどの範囲に最寄りの自治会館がある住民の割合は約90%。つまり、多くの方が「歩いて行ける」拠点が自治会館なのです。公園は市内に350か所以上あるのでさらに身近な拠点です。

このような、住民が自然と集まる拠点に、住民が必要とする機能を整備することで、住民の利便性や満足度は大きく上昇するのです。

第2章

「まちのえき」でのさまざまな活動

2－1　まちのスポーツジム（運動する）

本章では、「まちのえき」が有する機能を具体的な事例を交えながら紹介します。最初に紹介するのは運動の機会、まちの「スポーツジム」機能です。前述したように、我が国の平均寿命は男女とも世界トップレベル。市民、特に高齢者の健康に対する意識の高まりを受け、健康に配慮した食事や運動の機会を大切にし、実践する人が多くなっています。定期的に出かけ、体を動かす「まちのえき」での健康体操などは高い人気を誇っており、健康寿命の増進はもちろん、多くの人を集める基盤的な場となっています。

百歳体操は自治会活動のプラットホーム

生駒市における「まちのえき」の始まりは百歳体操でした。

百歳体操は高知市の理学療法士が開発し、全国に広がったもので、日常生活で必要とされる動作に使う筋力をアップする運動です。私も何度も体験していますが、定期的にやれば確実に筋力の維持・強化が可能となるよく考えられた体操です。本市ではその有効性に早くから着目し、各自治会などでの実施を応援してきました。

毎週行われる百歳体操

本市が工夫したのは、百歳体操を行政主導から地域主導、市民主導に切り替え、多くの拠点での体操教室の実施、地域住民の自治意欲の増進を実現したことです。

行政主導であれば、職員数も限られているので、市内数か所での体操教室が限界だったでしょう。しかし、体操の動画を収録したDVDを利用すれば、行政職員が不在でも実施できるのが百歳体操の強みです。そこで、自治会役員など、地域のボランティアによる運営を行政職員が応援する形を原則としたのです。今では、本市にある約100か所の自治会館のほとんどで百歳体操が開催されています。

この百歳体操、少ないところでも10人、多いところでは100人を超える高齢者が集まります。原則として週1回、決まった日時に決まった場所で多くの高齢者が集まる場所は、コミュニケーションの場、健康づくりの場であると同時に、事業者にとってはビジネスチャンスの場でもあります。

自然と多くの人が集まる百歳体操は、自治会活動の柱になる重要な取り組みであり、ここにカフェやサロン、買い物・食事などの機能を付与していくことが「まちのえき」の基本です。

モルック、ボッチャ、脳トレ：軽スポーツの可能性

高齢者の百歳体操だけではなく、自治会館や公園はさまざまな軽スポーツの場となる可能性を秘めています。

例えば、ボッチャ。ジャックボール（目標球）と呼ばれる白いボールに、赤・青のそれぞれ6球ずつのボールを投げたり、転がしたり、他のボールに当てたりして、いかに近づけるかを競います。こう書くと単純なようですが、頭もスキルも使う、楽しく、よく考えられたスポーツです。ボッチャが優れているのは、年齢、性別、障がいのあるなしにかかわらず、すべての人が一緒に競いあえること。本市でも障がい者・障がい児が利用する福祉サービス事業者が集まってボッチャ大会を開催していますが、年々競技レベルが高くなり、手に汗握る熱戦が展開されます。一方で、敷居が高くなっているわけではなく、誰でも簡単に参加可能なので、年々参加者も増えています。

このほか、本市で人気が高まっているスポーツはモルック。フィンランドのカレリア地方の伝統的ゲームを元に開発されたスポーツで、モルックという木の棒を投げて数字の書かれた木製のピン

を倒して得点を加算していき、先に50点ピッタリになったほうが勝ち。フィンランドでは、サウナとバーベキューを楽しみながらプレイされている気軽なスポーツで、こちらも老若男女問わず楽しめます。数字の計算や戦略で頭を使い、モルックを投げるスキルが必要ですが、簡単なルールなので子どもも高齢者も障がい者も楽しめます。本市では市民や職員がモルックを自作したり、貸し出したりしながら各々が盛り上げてくれています。

多世代でモルックを楽しむ

これらの軽スポーツの利点は三つあります。一つ目は「まちのえき」などの地域拠点や地域のイベントでの集客力。気軽に参加できて楽しいので、多くの方が集まります。二つ目は多様な世代の参加。高齢者のみが参加する百歳体操とは異なり、ボッチャやモルックは全世代、障がいの有無にかかわらず参加できます。子どもが高齢者に教えたり、自然な形で障がいのある人とない人が交流したり、という光景が多く見られます。最後に頭と体を同時に使うことによる効果の高さ。本市でも頭と体を同時に使うコグニサイズという健康体操を実施していますが、これは、頭を使う作業と、体を動かす作業を別々に行うよりも、これらを同時に行うことで効果がより大きくなるという科学的な知見に基づくものです。軽スポーツは楽しみながら頭も体も使うことができる、優れた取り組みなのです。

トレーニングで元気になった方がボランティアになる好循環

このようなまちのスポーツジムのもう一つの良さは、トレーニングを通じて元気になった方がボランティアとして活躍してくださることが多い点です。

家にこもっていた高齢者の方が体操教室や軽スポーツをきっかけに元気を取り戻すケースは少なくありません。それだけでも大きな効果ですが、本市では体操教室や軽スポーツをボランティアの方が運営してくださっているので、元気になった参加者を、運営スタッフとしてリクルートする流れが自然とできています。ボランティアが増えれば、より多くの拠点で活動できるので、参加者が増え、健康な高齢者が増え、ボランティアも増えるという好循環を起こし続けられるのです。自分より年上の高齢者が元気に活躍している様子を見て、一念発起して体操教室に通う方も少なくありません。

体を動かすことの大切さを感じている多くの人に支持され、民間のスポーツジムも人気となっています。しかし、まちのスポーツジムには、無料であることはもちろんですが、地域の多様な皆さんとの交流、手軽さ、利用するだけでなくスタッフ側に回って地域にコミットすることも可能、などの独自の良さがあるのです。

2―2　まちのショッピングセンター（買う）

次に紹介するのは買い物支援、出張販売を通じた、まちの「ショッピングセンター」機能です。高齢者のサロンでお話を聞くと、最近特に増えているのが「買い物に行きたいけれど、車がないと行けない。荷物が重くて大変」という悩みです。

歩いて行ける「まちのえき」でお買い物ができれば、高齢者のみならず、妊婦や子育て世代、障がい者などにとっても便利ですし、お互いの交流の場にもなります。事業者にとっても新しい販売の場・機会となる可能性を秘めているのです。

移動支援、買い物支援を求める声

近年、高齢者から最もたくさん聞く悩みごとの一つが買い物支援です。「車の免許を返納したけれど、近くにスーパーがないから買い物に行けない」というのです。

400 種類の商品が並ぶ移動販売車

確かに、車がなければ、帰り道に持って帰れる分、少しずつしか買えません。お米や飲料などの重いものは買うのに勇気が必要になります。少しずつしか買えないので買い物に行く回数も増え、負担も大きくなります。戸別配達サービスも広がっていますが、多くても1週間に1回。ストックが切れた時、買い忘れがあった時など、どうしても自分で買い物に行く必要があります。

移動スーパーの活躍

このような社会背景の中、スーパーの商品を移動販売車で販売する「移動スーパー」が喜ばれています。小さな車に商品を満載してきてくれるのですが、なんと400種類もの商品が用意できるそうです。消費者のニーズを聞いて商品の入れ替えもしてくれるので、「弁当が欲しい」「違うメーカーの商品も買いたい」などの声もきめ細やかに応えてくれます。本市でも複数か所で移動販売車が活躍しており、どの地域でも好評です。特に「まちのえき」での販売であれば、百歳体操や食事など、他の予定と一緒にこなせるので合理的です。

移動スーパー側にとっても、1件ずつ顧客を開拓し、訪問する手間と比して、百歳体操の終わった時間帯に自治会館に来れば、買い物ニーズの高い高齢者が多数おられるので効果的に販売できます。私も何度か移動販売の現場を訪問していますが、お客さんがスーパーのスタッフに「本当にありがとう」「これからもずっと頼むよ」と言っている光景を目にしました。スタッフ冥利に尽きる現場だと思います。まさにWin-Winの関係と言えます。

朝採れの新鮮野菜が並ぶ青空市

地元農家による野菜販売

地元農家による野菜販売も大人気です。

「まちのえき」での百歳体操の後などの時間帯に、地元農家が朝採れた野菜を販売に来てくれます。中には、形が不格好だったり、少し虫食いがあったりする野菜もあります

赤ちゃんグッズを販売するお店

が、とにかく新鮮で安く、おいしい。販売前から行列ができ、販売と同時に多くの野菜が売り切れるほど。さながら「まちの八百屋」というところでしょうか。

うちには子どもが4人いますが、みんな野菜が大好きな子に育ちました。それは、地元農家の皆さんが丹精込めて育てた野菜をいただいて育ったからです。味が違います。

地産地消は、地域経済を回すために重要なことです。しかし、そんなに難しいことを言わなくても、単純に、地元の皆さんの顔が見える、安心でおいしい野菜を食べる幸せをみんなに体験してもらいたいのです。

その他の移動販売　まちのデパート、まちの商店街

このほかにも「まちのえき」で販売している商品はたくさんあります。

子どもが多い地域の「まちのえき」ではなんと言っても駄菓子屋さんが一番人気です。１００円あればいろいろ買える魔法のような場所には、多くの子どもが集まります。

赤ちゃんグッズを販売するお店も実験的な店舗を出してくれます。子育て世代は車の運転をする人も多いですが、小さな子どもを連れて買い物するのは大変です。お店についたら子どもが車で寝ていた、なんてことも少なくありません。お買い物や食事、散歩のついでにベビーカーで買い物に行ける場所があれば便利です。

花王商品の自治会館での量り売り

変わったところでは、デパートのスイーツの移動販売もあります。高齢者のご夫婦が「ちょっと贅沢なティータイムを楽しみたい」とか、「お土産用にいくつか買っておく」など、かなりの売り上げがあります。

さらにユニークなのは花王株式会社の取り組みで、昔ながらの「量り売り」を復活して「まちのえき」で販売してくださっています。ごみの削減ができる詰め替え容器での販売よりもさらに容器資源の無駄遣いを減らせる究極のＳＤＧｓ。物珍しさもあり、多くの方が空の容器を片手に洗剤などを買いにやってきます。

このようにいろんな形での販売の実験を行ったり、消費者と対話しながら商品についての意見を聞いたりと、ショッピングセンターとしての「まちのえき」は事業者にとっても貴重な場となっています。

2－3　まちの食堂・喫茶店（食べる・飲む）

次に紹介するのは、食事の機会、「まちの食堂・喫茶店」の機能です。

一人暮らしの高齢者、特に高齢男性の一人暮らしの大きな課題は栄養バランスのとれた食事機会の確保です。また、小さな子どものいる世帯にとっても1日3食を作り、食べさせ、後片付けするのは大変で、育児の大きな負担になっています。

また、みんなで温かい食事を食べることは最高の贅沢。食べ物、飲み物は自然と人が集まるための最大の魅力であり、「まちのレストラン・カフェ」が持つ機能はとても大切なのです。

栄養の足りない高齢者

厚生労働省の国民健康・栄養調査（令和元年度）によると、[文1] 要介護や死亡リスクが統計的に有意に高くなるとされる「低栄養傾向」の者（BMI≦20kg/m^2）の割合は、65歳以降徐々に増加し、75歳以降の後期高齢者で特に多くなっています。

我が国では、人口が減少する一方、世帯数は増え続けており、高齢者夫婦や一人暮らし高齢者の世帯が増えていますが、加齢とともに自ら食事の準備をすることが大変になり、栄養を十分取れない簡易な食事ですませたり、食事回数を減らしたりすることによって、健康に悪影響が出るケースも増えています。自宅で作れないなら外食すれば良いという考え方もありますが、外食するにも車が必要だったり、コストが高くつくので、問題の解決にはつながらないのです。

多様なメニューが楽しめるキッチンカー

育児休暇を取ってわかった1日3食の大変さ

子育て世帯にとっても食事は大きな悩みの種です。

私も育児休暇を取った経験がありますが、子どもが食事を食べる姿を見ることはこの上ない幸せであると同時に、一番大変な家事の一つでもあります。子どもをあやしながら、他の家族と異なるメニューを用意し、時には集中して食べない子どもに食事を与え、足にまとわりついてくる子どもをいなしながら後片付けするサイクルを朝昼晩３セットするのは大変なことです。

歩いて行ける場所に子どもも食べられる食事の場があり、お昼だけでも外で食べ、準備も後片付けもいらないのであれば、育児の負担は大きく軽減されます。後片付けがすんだらすぐ次の食事に取り掛からないといけないというサイクルから逃れることができるからです。

「まちのえき」で飲食を提供したい人が増えている

地域で食事をしたいというニーズが高まる一方で、地域で食事を提供したいという供給側のニーズも高まっています。

その代表格は、コロナ禍で苦しい経営を強いられた居酒屋です。コロナ禍で営業自粛を余儀なくされた居酒屋が活路を見出そうと挑戦したのが弁当のテイクアウトサービスや訪問販売。ステイホームを強いられた人たちにとって、地元のお店で買えたり、配達してもらえるお弁当はありがたく、かなりの売り上げを出す居酒屋もありました。本市では地元の青年団体が市役所の駐車場で多くのお店を集めた弁当販売のイベントをしてくれましたが、多くの人が集まり、たくさんの売り上げがありました。

今では、新型コロナウイルス感染症が感染症法上の第5類に分類されたことで居酒屋にも客足は戻ってきたようですが、コロナ禍の前の水準には届かない、というお店も多く、昼休みやイベント時に弁当販売を続けているお店も少なくありません。

居酒屋のほか、女性による創業の一つの形としてキッチンカーを選ぶ人も増えています。イベント時の販売が多いですが、平日にも「まちのえき」のような地域の集まりをいくつか回って販売できれば、高齢者や子育て世帯の大きな助けになります。価格が比較的安価に設定されているのも魅力で「まちのレストラン」の大きな戦力として期待されています。

地域で運営するまちの食堂

「まちの食堂」の三つの効用

「まちの食堂」を「まちのえき」で行うことも効果的です。「まちの食堂」とは、地域の皆さんが自治会館などで一緒に食事を作り、楽しむ場所であり、その良さは、大きく三つあります。

一つ目は、安いこと。

本市では、大人300円、子どもは無料で食事できますが、これは、地域の皆さんが野菜や米をご寄付くださることによる材料費の軽減やボランティアスタッフが食事を作

気軽に楽しむワイン教室

ることによる人件費の抑制のおかげです。多くの方が気軽に食べに来ることができますし、「300円でいいの？」というくらいおいしいご飯が食べられます。

二つ目は、みんなで楽しく過ごせること。

コロナ禍の期間中、「どんなにおいしいご飯も一人で食べると寂しい」という声をよく聞きました。みんなとお話ししたり、子どもたちの元気な声に癒やされながら食べるご飯は何物にも代えがたいおいしさ、温かさがありますね。

三つ目は、みんなに役割があること。

「まちの食堂」ではただ食べるだけの人は少なく、食べに来た人が野菜を差し入れたり、障がい者がデザートを作ったり、子どもが給仕したりしています。席に座っているお客さんも、まちなかの食堂とは異なり、周りの人たちと話しながら食べる人が多いのも特徴です。単に食事を食べに来るのではなく、自然な形で役割を持って、地域と関わりながらご飯を食べるのが「まちの食堂」の真骨頂です。

「まちの食堂」だけでなく、百歳体操の後などにコーヒーを1杯準備し、家で余ったお菓子を持ち寄れば、立派な「まちの喫茶店・カフェ」が始まります。コーヒーや紅茶にこだわりのある方が即興でコーヒー・紅茶講座を始めてくださったり、とっておきのお菓子をお互いにふるまったりして、賑やかな時間が生まれます。

発展形としては、認知症の方がスタッフとしてお茶を入れ、給仕する「認知症カフェ」や、ニート・ひきこもりと言われる青年が運営スタッフに入ったカフェなどもあります。「まちのレストラン」「まちのカフェ」は、おいしい食事が楽しめるだけでなく、人が集まり、すべての人が活躍できる素敵な「ごちゃまぜ」の場なのです。

2-4 まちの図書館（読む）

次に紹介するのは、より気軽に本を楽しむ機会、「まちの図書館」です。

高齢者にも子育て層にも人気の高い図書館は、公共施設の中で特に集客力の高い施設です。読書は頭の体操にもなることから健康寿命の延伸や認知症の防止にも効果があると言われ、また、子育て層が絵本を借りたり、気分転換したりする場としても利用されています。

しかし、車のない高齢者や子育て世帯にとって、遠くの図書館まで行くことはそれほど簡単なことではありません。

　そこで、歩いて行ける近くの「まちのえき」に「まちの図書館」をみんなでつくりましょう。それを自分たちで創り上げる過程自体がエンターテインメントであり、家にある本の断捨離にもつながります。出来上がった図書館は、自然に人が集まり、本を通じたさまざまな交流が生まれる素晴らしい場となることは言うまでもありません。

各家庭の寄贈本で実現したまちの図書館

自然と人が集まる図書館

　皆さんの街の図書館はどんな様子でしょうか。

　文部科学省の調査によると、[文2]公共図書館の数は２０２１年に３３９４館。２００２年には２７４２館だったので、20年間で６００館以上、約24％増加しています。１館当たりの来館者数は、コロナ禍の時期を除き、年間５万人台で推移しており、図書館の総利用者数は増加しています。

　実際の現場を見ても、平日は高齢者が新聞や雑誌を読みに来たり、子育て中の市民が気分転換に絵本を借りに来たりして混み合っています。休日も家族連れをはじめ多世代の利用があり、多くの人が集まる場ともなっています。図書館や本が持つ魅力を「まちのえき」に活用しない手はありません。

図書館司書による読み聞かせ

公共図書館の課題

一方、図書館の課題もあります。高齢者や障がい者の中には、図書館まで行くことが難しい人も増えています。本市では本の宅配サービスも行っていますが、希望者が増加した場合、そのすべてに対応するのは容易なことではありません。

また、子どもの読書時間の減少も課題です。株式会社ベネッセコーポレーションが東京大学社会科学研究所と共同で実施している「子どもの生活と学びに関する親子調査」[文3]によれば、約半数の子どもが平日の読書時間が0分と回答し、学年が上がるにつれて読書離れが進んでいることが明らかになりました。

ゲームや動画など、子どもが魅力を感じるコンテンツやメディアがどんどん生まれる中、読書時間が少なくなっているのです。

まちの図書館をみんなで創ろう!

本市では、このような課題に対応するため、「まちのえき」に「まちの図書館」を整備することが効果的と考えています。「まちの図書館」の特徴は以下の6点です。

第一に、高齢者や障がい者でも歩いて行きやすい場所で本を読める、借りられることです。市営図書館は遠くて行けないという人でも、歩いて行ける自治会館に図書館があれば本を楽しむ機会が増えます。

第二は、市営の図書館よりも柔軟な運用が可能な点です。公共図書館にはあまり置いていない漫画などを「まちの図書館」に置くと、自然と多くの子どもたちがやってきます。絵本を置いておけば、子育て世代が絵本を読みに来たり、借りたりできるほか、読み聞かせ会もできます。

第三は、断捨離です。どのお家にも児童文学全集や子どもが読んでいた漫画など、もう誰も読まなくなった書籍が多数あると思います。そんな書籍を自治会館に集め、取捨選択・整理して並べれば立派な図書館ができるだけでなく、各家庭の断捨離にもなります。子どもの成長に伴って不要となった絵本やＤＶＤなどは、「まちの図書館」に持ってくれば自然な形でリユースや交換会が始まります。

第四に、「まちの図書館」は地域住民の手作りで設立できることです。みんなでＤＩＹして本棚を作り、各家庭からの寄付で本を集め、整理分類や本を並べる作業、貸し出しや修理なども市民でやります。図書館を利用するだけでなく、自分たちの力で図書館を創る過程自体に大きな意義と楽しさがあります。

第五に、本を活かした活動が生まれることです。例えば、読んだ本を互いにお勧めしあったり、来館した子どもに地域のおじさんやおばさんが読み聞かせをしたり、読書スペースでちょっとした勉強会が始まったり、自宅で一人で読書するだけでは味わえない体験ができます。

最後に、公共図書館やその司書との連携です。まちの図書館の設立にあたっては、公共図書館の司書が、貸し出し業務などの運営、本の分類の方法、本を活用した活動・企画について、助言・支援を行うことができます。また、公共図書館が「まちのえき」で出張読み聞かせをしたり、「まちの図書館」やその活動を公共図書館が広報したりするなど、公共図書館との連携により、「まちの図書館」はさらに輝きを増します。

このように、自宅の近くに「まちの図書館」があれば、高齢者や障がい者も子どもたちも気軽に、かつ、多様に本を楽しむことができます。

また、前述のベネッセコーポレーションの調査では、蔵書数が多い環境はもちろん、本を読む大切さを保護者が伝えていたり、小さいころから読み聞かせをしてもらったりした子どもほど、読書時間が長いという結果も出ています。親だけでなく、地域の皆さんが地域の子どもに読み聞かせしたり、お勧めの本を紹介したりする「まちの図書館」という場・機会があれば、本を読む子どもは増えるでしょう。図書館に足を運ぶことすらない子どもたちも、漫画をきっかけに図書館に足を踏み入れることが、読書の第一歩につながることも少なくありません。

みんなで創ることのできる「まちの図書館」。あなたの地域でも始めてみませんか?

2－5　まちの学校（学ぶ・教える）

「まちのえき」には「まちの学校」もあります。

「まちの学校」は学ぶだけの場所ではありません。誰でも先生になれる場所です。教える側と教わる側を固定化しないのが「まちの学校」のポイントです。学ぶことは大切ですが、一方的に学ぶだけでは面白くありません。自分が得意なこと、好きなことを人に伝え、その反応がまた次の学びにつながり、学ぶと教えるが一体化する場としての「まちの学校」が必要なのです。

協働的な学びの重要性

文部科学省は、学習指導要領の参考資料として作成した「『個別最適な学び』と『協働的な学び』の一体的な充実[文4]」のなかで、以下のように記しています。

「協働的な学びにおいては、（中略）、児童生徒同士の学び合い、多様な他者とともに問題の発見や解決に挑む（後略）。また、（中略）、内容を他者に説明するなどの児童生徒同士の学び合いにより、児童生徒が自らの理解を確認し定着を図ることが、説明する児童生徒及びそれを聞く児童生徒の双方にとって有効であると考えられます」。

文部科学省が示すように、これまでのような教師が子どもに一方的に教えるスタイルは、これからの子どもたちに必要とされる能力を育てるためには、有効とは言えなくなっています。子ども同士が教えあったり、大人と対話したりする中で、より深い学びを得、自信をつけていくことが必要なのです。

また、学び合いのスタイルで成長するのは子どもたちだけではありません。子どもに限らず、すべての住民が自分の好きなことや得意なことについて、語り合い、教え、学ぶ場が地域にあることは、豊かな地域での暮らしを具体化するだけでなく、仕事でも役に立つことがあります。

地域で楽しむ工作教室

「まちの学校」とは

以上のような認識に基づき、「まちのえき」の中に、「まちの学校」を創れば、協働的な学びの理想的な場・機会になります。「まちの学校」では、例えば以下のような取り組みが考えられます。

1 自治会館を自習室として開放

自習室に対するニーズが高まっています。

大学では自習室の整備や機能強化に力を入れていますし、自治体でも公共施設の一部を自習室として活用する事例も増えてきました。そこで、歩いて行ける自治会館の空き室などを自習室として活用することは、受験勉強や資格勉強をしたり、書物を読む静かな時間を楽しみたい地域住民にとってありがたい場所となります。

2 市役所などの出前講座

多くの市役所が出前講座を実施し、市の取り組みの紹介や市民の意見を聞くための機会を用意しています。例えば、百歳体操が終わった後、お茶をしながら市政について学ぶ場も「まちの学校」

の一つの形態です。

市役所以外にも、自社製品のＰＲやモニタリングも兼ねて事業者が講座をしてくれることもあります。生命保険会社の健康講座、損害保険会社の交通安全講座、化粧品会社の美容講座、携帯販売店によるスマホ講座などです。

事業者主催のセミナー

3 「まちの学童保育（放課後子ども教室）」

放課後の子どもたちの安全・安心な居場所を設け、地域の方々の参画を得て、学習やスポーツ・文化活動、地域住民との交流活動等の取り組みを推進する場が「放課後子ども教室」です。これは児童福祉法第6条の3第2項に定める「放課後児童健全育成事業（いわゆる放課後児童クラブ・学童保育）」とは異なり、放課後児童指導員ではなく、地域の方々が主体となって子どもたちを見守り、活動する場です。

各地域には退職した教員などがおられるので、そのような人が放課後やお休みの日に子どもたちを預かり、宿題を見てくれたり、一緒に遊んだりする場ができています。「まちの学童保育」のようなイメージです。

4 「まちの学習塾」

「まちの学校」を活用すれば、大学生や高校生が小中学生に教えるような斜めの関係もできます。また、子どもたちが集まって長期休暇の宿題をまとめてやってしまう「宿題合宿」のような取り組みも可能です。比較的安価で学習塾による指導を自治会館で受けられる「まちの学習塾」というのも一つのアイディアです。

5 世代を超えて得意や好きを教えあう「まちのセミナー」

生駒市では、夏休みに「みんなが先生、みんなが生徒」を合い言葉に、世代を超えて得意なことや好きなことを教えあう「ＩＫＯＭＡサマーセミナー」を開催しています。

朝の会に始まり、1時間目から5時間目まで、毎時間10コマ程度のクラスがあり、生徒が受けたい授業を選択・聴講します。お昼には給食の時間があったり、1時間目から5時間目まですべて受講した生徒が表彰される「終わりの会」もあります。

地域にはいろんな専門家や名人がおられるので、そのような方から楽しく学ぶ場でもあり、講義をしてくれた先生にとっても、教えるという貴重な経験を得ると同時に、地域への愛着を持つきっかけになります。子どもたちも教わるだけでなく、先生になって大人顔負けの授業をしています。

このような場を各学校や「まちのえき」でやるのが「まちのセミナー」です。いつも挨拶している近所の方が実はすごい人だった、という気づきがあったり、子どもの授業を近所のおじいちゃんやおばあちゃんが聞きに来るという微笑ましい光景が生まれたりします。

「まちの学校」は協働的な学びの理想形

核家族化の進む現在、子どもたちは自分の親や学校や塾の先生以外から物事を教わる機会が激減しています。地域にはいろんな経験や知識を持つ人がたくさんおり、そのような人のお話を聞くだけで多様な学びがあります。例えば、戦争の経験がある高齢者から戦時中の話を聞く機会も、最近では家庭内では難しく、地域での機会が必要です。

また、学校の授業スタイルが柔軟化しているとはいえ、子どもは「教えてもらう」存在であるという固定観念はまだまだ変わっていません。「まちの学校」、とりわけ「まちのセミナー」は、「子どもが人に教える」機会があることが大きなポイントです。例えば、子どもが自分が好きな生き物の生態などを大人たちに教えたり、高齢者にスマホの使い方を教えたりする場が考えられます。兄弟姉妹の数も少なくなっているので、異年齢の子どもたちがお互い学んだり、教えたりする「斜めの関係性」を生み出すことも、「まちの学校」の一つの目的です。

「まちのセミナー」で話が聞きたい近所のすごい人を発掘する仕事を子どもたちに任せれば、子どもたちの学びになると同時に、地域で子どもを育てるという意識も醸成されます。

もちろん、子どもだけでなく、高齢者、障がい者、認知症の方など、普段は「支えられる」ことの多い人が先生になる機会を創ることにより、すべての人に役割が生まれ、自信を持って生きる力が生まれます。障がい者やその介護者から障がいとの向き合い方について話してもらったり、妊婦体験、障がい体験など、身をもってその大変さを知る体験会なども有意義でしょう。

また、大人にとっても、それぞれの仕事や趣味などの専門知識を人に教える経験は貴重ですし、専門知識の交換の機会となることから、仕事にも生かせることもあります。何よりも、地域とのつながりが比較的希薄な現役世代にとって、地域との距離が自然と近づく、地域デビューのきっかけになるという意義が一番大きいかもしれません。

2-6 まちのアトリエ・スタジオ（奏でる・創る・観る）

自治会館は、気軽に芸術作品を出展したり、観賞したり、文化活動を自分もやってみようと一念発起するきっかけになったり、さまざまな楽しみ方が可能な「まちのアトリエ」になります。百歳体操の後のサロンで音楽を楽しむ自治会もたくさんありますが、音楽好きな皆さんが集まれば自治会館は「まちのスタジオ」。ミニコンサートもできます。

文化・芸術は、高い集客力があり、住民の自己実現の機会という意味でも、地域活性化に欠かせない要素なのです。

増加するまちの文化祭

自治会の文化祭が復活している理由

自治会の文化祭が増えています。

団塊の世代が退職し、地域活動に目を向け始めていること、また、退職によって生まれた時間を文化活動に使っていることが理由だと考えられます。本市の文化祭も、1日だけの開催だったものが2、3日連続の開催になったり、1か月丸ごと文化祭月間になったり、期間も内容も作品の質も進化しています。

文化祭の準備は大変ですし、出展者の高齢化などもあり存続が難しいとおっしゃる地域もありますが、全体としてはコロナ禍の前よりも文化祭が盛り上がっている地域が多いと感じます。

コロナ禍で再認識された文化・芸術の大切さ

コロナ禍において、安全安心を最優先にした結果、文化活動は不要不急とされ、特に人が集まるコンサートや文化祭などは軒並み中止や縮小開催を余儀なくされました。

しかし、その一方で、毎日の生活の中で文化・芸術との接点がなくなったことが、却ってその大切さを実感するきっかけとなったことも事実です。実際に、コロナ禍後の本市のコンサートや文化祭などはコロナ禍以前よりも多くのお客さんが集まり、また、コロナ禍に作品を制作していた市民が発表の場所を求めて多くの出展がありました。

前述のような地域の文化祭が増えたのも、コロナ禍により、文化・芸術の大切さを市民が改めて知り、多くの作品が制作された結果でしょう。

「まちのアトリエ」は大人気

「まちのえき」に「まちのアトリエ」「まちのスタジオ」の機能を持たせることは大きな意味を持ちます。

自治会館で、写真展、絵画展、書展、文芸展などを月替わりでやれば、素敵なアトリエになりますし、出展者が友人などを伴って来訪するので、自治会館は大いに賑わいます。

自分の作品を出すのが恥ずかしいという方ももちろんおられますが、芸術をしている方の多くは自分の作品をみんなに見てもらいたいという想いがあります。比較的敷居が低い「まちのアトリエ」を活用すれば、市の展覧会には恥ずかしくて出せない、という方も出展してくれます。

アトリエでの作品展がきっかけとなって、自治会館で教室が始まったり、そこで制作された作品が次の展示会で発表されたり、と市民が文化・芸術を「観る」だけでなく、自ら作品を「創る」へとステップアップする機会にもなります。前述した「まちのセミナー」などで講師を務めた方が先生となり、自治会単位で教室ができれば、小さい子どもから高齢者まで文化・芸術のすそ野が広がります。

音楽のできる方を見つけて、「まちのスタジオ・ライブハウス」に

自治会館や公園を活用した音楽活動、「まちのスタジオ・ライブハウス」も地域の活性化に重要な役割を果たします。

地域には必ずギターやピアノを弾ける方がいます。百歳体操後のサロンでは、ギターや電子キーボードなどの伴奏で皆さんよく歌を歌っておられます。昔、吹奏楽や弦楽をしていた方がおられたら、少人数でのコンサートも開催できるかもしれません。今、設置が進んでいる「まちかどピアノ」も地域で人が集まるのに一役買っています。今後、断捨離が進み、家で使わなくなったピアノなどを調律し直して、地域で活用するケースも増えるのではないでしょうか。もちろん騒音対策などにも留意が必要ですが、自治会で取り組むことによってルールづくりも比較的円滑に進む可能性があります。

みんなが楽器を持ち寄る、まちのスタジオ

地域での音楽活動が盛んな本市では、地域住民が主催するライブイベントやクラシックのコンサートを自治会単位で行うところも出てきました。地域の小中学校の吹奏楽部なども参加して、多くの人が素敵な音楽を堪能しています。

もちろん、カラオケも立派な文化活動です。自治会館にカラオケセットのあるところも少なくありません。夏祭りや秋の文化祭の盛り上げにも活用できますし、百歳体操後のサロンでカラオケが定番となっている場所もあります。

最近、「若いころギターを練習したけれど続かなかった」「ピアノで好きな曲を弾けるようになりたい」という声を聴くことが多いです。日常に「音楽」を少し取り入れた豊かな毎日を送りたいと考えている方々のため、地域にいる音楽の先生に自治会館で教室を開催してもらえれば、退職された方、子どもたちや現役世代にも人気が出るのではないでしょうか。

2－7　まちの遊び場（遊ぶ）

スマートフォンなどでインターネットを利用する時間が増加しています。特に子どもたちによるインターネット利用は増加・低年齢化し、社会的な課題となっています。幼少期の外遊びの時間も大きく減少しています。

一方、コロナ禍で自宅待機を余儀なくされたことによって、家族でゲームを楽しんだり、感染リスクの小さいアウトドアでのＢＢＱや運動を楽しんだりする機会が増えました。

みんなで遊んだり、近くの公園などで運動やＢＢＱを楽しんだりすることの楽しさが見直されている今は、「まちのえき」に「まちのプレイルーム」や「まちのキャンプ場」などを作って、みんなで「遊び」を盛り上げる絶好のチャンスです。

ネット利用時間の増加と外遊び時間の減少

内閣府が２０２４年３月に発表した「令和5年度青少年のインターネット利用環境実態調査[文5]」によると、低年齢層（0歳から満9歳）の子どもの74・9％がインターネットを利用しています。また、インターネットを利用すると回答した青少年（満10歳から満17歳）の平均利用時間は、前年度と比べて16

分増加し、約4時間57分となりました。

一方、2018年に株式会社ボーネルンドが行った調査[文6]では、体遊びを週5日以上する子どもは30・3%であり、同社の5年前の調査と比較しても大きく減少しています。また、2023年に笹川スポーツ財団が行った調査[文7]では、運動実施頻度が高い子どもほど、テレビやスマホの利用時間が短いとされています。

スマホよりも楽しい時間をつくろう

子どものインターネット利用については、時間制限したり、利用場所をリビングだけにしたり、一定の利用制限は必要かもしれません。しかし、制限するだけでは子どもの反発を招くだけで抜本的な解決にはなりません。前述の調査でも示されているように、運動や外遊びなど、スマホよりも面白い・大切な経験を楽しむことで、自然な形でスマホ利用時間を減らすことが必要です。

そこで、「まちのえき」に「まちの遊び場」を創ることが重要になっています。子どもたちが与えられた遊びだけでなく、自分たちで遊びを創り出したり、年下の子どもや大人たちに遊びを教えてくれるような遊び場ができれば、インターネットと違う魅力が生まれるからです。

活用されなくなった公園を「まちの遊び場」に再生しよう

運動や外遊びの場所として、まず、私たちが思い浮かべるのは公園ではないでしょうか。

国土交通省の統計[文8]によると、我が国の都市公園の数は令和4年度末で約11万5千か所、人口1人当たりの公園面積は10・8㎡となっています（約30年前の平成2年度末には6・0㎡）。まちなかのいろんな場所にある公園をまちづくりに活用しない手はありません。

公園は、歩いて行ける、お金のかからない一番身近なエンターテインメントの場です。昔ながらの鬼ごっこ、缶蹴り、縄跳び、ボール遊び、お祭りはもちろん、季節ごと、年齢ごとにいろんな外遊びができます。各家庭からビニールプールを持ち寄れば「まちのプール」が生まれ、ストライダーが好きな子どもたちが集まればストライダーレースが開催できます。子どもたちが落ち葉を集め、農家にサツマイモを提供いただき、地域の皆さんで焚き火を起こせば、みんなが役割を持ちながら焼き芋パーティが始まります。近年はキャンプなどのアウトドアがブームとなっていますが、遠くのキャンプ場に行くだけでなく、近くの公園や学校の校庭でキャンプしても楽しいはず。

まさに公園は可能性無限大。みんなで公園の楽しい活用方法を考え、役割分担して具体化すれば、子どもたちの外遊びの機会を増やすだけでなく、すべての世代が楽しく豊かで健康に暮らすための「まちの遊び場」が完成し、多くの人が集まります。

公園活用の障害を取り除こう

これほどの楽しい可能性を秘めている公園ですが、十分生かし切れていない公共施設として、最初に上がってくるのも公園です。面積自体は増えているはずなのに、以前と比べて、ルールや禁止事項が増えたり、管理が行き届かなくなったりして、安心して楽しく過ごせない公園が増えたことが、その原因と考えられます。

前述のボーネルンドの調査[文6]でも、外遊び減少の要因として「安全面や近隣トラブル等の問題で、子どもが外で遊ぶことに不安があるから」（39％）、「道具の撤去や規制の増加により、公園が自由で楽しく遊べない環境になっているから（25％）」となっています。

公園を「まちの遊び場」として活用するには、公園利用のルールを見直すことが不可欠です。近くの住民からの苦情などを積み上げていった結果、できることを探す方が難しいくらい、いろんなルールができてしまった公園も少なくありません。

こういう公園を再生するには、ワークショップが有効です。まずは公園でやりたい楽しいイベントをみんなで出しあいましょう。なるべく多様な世代、特に子どもたちを入れてアイディア出しをするといろんなアイディアが出ます。アイディアを基にイベントを具体化すれば地域の雰囲気も良くなり、禁止事項の見直しの議論も始めることが可能となり、イベント実施に関連する公園の管理などについても地域でやろうという機運が生まれます。

もちろん、公園の近くの住民への配慮は不可欠です。彼らにもワークショップに入ってもらい、アイディアをいただいたり、騒音対策やイベントを行う際の配慮事項などを丁寧に議論することが大切です。

行政も、法令に定めている限定的な禁止事項のほかは、公園の活用方法が原則自由であることを周知しなければなりません。また、市民の公園活用のアイディアを地域だけに任せるのではなく、自治体もワークショップを行い、公園活用の事例やメニューづくりを進め、地域や自治会に横展開することが大切です。市民が公園で実現したいアイディアを実現するため、関係者や必要な手続きを紹介したり、力になってくれる仲間とのマッチングをしたり、イベントを広報したりして、応援することも行政の役割です。市民と行政の協働により、多くの皆様が安心して公園を活用する雰囲気を市内に広げていきましょう。

一例をご紹介すると、本市には、「公園にいこーえん」という市民発の素敵な場があります。定期的に開催日時を決めるほかは、基本的には何をするかの決まりもありません。主催者が時々特別なゲストを呼んだり、テーマを決めたりすることはありますが、活動内容は原則自由で、子どもたちは自由に公園を走り回り、自分たちで遊びを創り出します。大人はいすに腰かけてのんびりしたり、コーヒーを飲んだり、子どもと遊んだりしています。日常のスペースを楽しむパブリック・ハックやプレイスメイキングの発想を、公園を舞台に具体化する「まちの遊び場」は、「まちのえき」の代表的な情景になっています。

まちのプレイルーム

雨降りや暑さ寒さが厳しい時には室内遊びも大切です。子どもたちが熱中するテレビゲームが「まちのえき」にあれば、子どもたちは集まってきます。テレビゲームを自治会館でやるということにはいろんな声があるかもしれませんが、家で一人でやるよりもみんなでゲームできればそれだけで楽しさが増加しますし、昔のファミコン少年・少女である大人たちと子どもたちの交流も生まれます。

折り紙などは高齢者から学ぶことが多いですが、今はコンピューターを駆使したすごい折り紙があり、子どもたちが高齢者に折り紙を教える光景も生まれるかもしれません。

公園にいこーえん

そのような交流の中から自然と、将棋・囲碁、けん玉など、昔遊びを体験する機会も増えるでしょう。

ドンジャラや人生ゲームはもちろん、外国のボードゲーム（カタンなど）も少しずつ流行しています。本場ドイツでは、公園やビアガーデンなどで子どもから大人まで遊んでいるほど市民権を得ているそうですが、日本でもブームになるのではないでしょうか。本市では、市民団体が生駒市独自の新しいゲームを考案していますが、子どもたちに新しいボードゲームを創ってもらうのも楽しそうです。

老若男女で楽しめる健康マージャン

大人世代には麻雀も忘れてはいけません（あくまで健康麻雀であることが前提です）。コミュニティ活動の課題の一つは高齢者の男性がなかなか集まらないことですが、健康麻雀を活用すれば、高齢者の男性層が集まってきます。麻雀に触れる機会のなかった女性の皆さんも地域での健康麻雀を契機にその魅力に触れ、多くの方が参加しています。最高の脳トレでもある麻雀は「まちのプレイルーム」で一番人気です。

このように室内遊びも外遊びも、みんなで集まり、自分たちで面白い楽しみ方を創造できる魅力があります。

スマホやインターネットの世界はとても魅力的で、それを否定することは無理があります。

だからこそ、スマホ以外の楽しい遊びを地域が提供していくことが、過度なスマホ利用の防止はもちろん、地域の楽しい場や機会づくりにとっても前向きな解決策になるはずです。

2－8　まちの農場（栽培する）

農家の高齢化などが原因で耕作放棄地が増加し、大きな問題になっています。

一方、コロナ禍を経て、自分で家庭菜園をしたり、本格的に農業に挑戦する若い人も増えてきました。

地域にある耕作放棄地などを地域のみんなで活用し、地産地消の大切さ、自分で育てた野菜のおいしさを体感する「まちの農場」。大人気の取り組みです。

増え続ける耕作放棄地と担い手の多様化

農林水産省の資料[文9]によると、全国の耕作放棄地の面積は１９９５年に24・4万ヘクタールだったものが、２０１５年には42・3万ヘクタールと、20年で大きく増加しています。

一方で、2021年度のガーデニング・家庭菜園の市場規模は、コロナ禍特需の影響により、前年度比約30億円増の2396億円と少しずつ拡大しています（矢野経済研究所調べ）[文10]。特に若年層の新規顧客が拡大したことがコロナ禍に生じた大きな特徴と分析されています。

単に家庭菜園を始める人だけでなく、本格的に野菜作りを始めたいと考える人も増えています。本市が始めた「いこまファーマーズスクール」は定員の数倍の応募者が集まり、その後も多くの受講生が学ぶ人気のプログラムとなっています。このスクールのキーワードは「半農半X」ですが、コロナ禍を受けて、毎日の生活の中に農業を組み込むことを志向する人は確実に増えています。

耕作放棄地をみんなで活用しよう！「まちの農場」の始まり

生駒市の「まちのえき」には「ワクワク農園」という名称の、いわば「まちの農場」とも言うべき場所があります。そもそもの始まりは地域の耕作放棄地に雑草が繁茂して見通しが悪くなり、車の運転に支障が出始めたことでした。自治会で話し合い、雑草を刈ることを決めましたが、刈ってもまた草が生えてくるのなら耕作放棄地を活用したほうが良いのではないか、という声が上がったそうです。農家の方だけで管理するのは大変なので、農家の方に指導してもらいながら、みんなで少しずつ力を合わせて楽しく農園を管理・活用しようと決めたのが「ワクワク農園」の始まりです。

その代表的な取り組みは収穫祭です。子どもたちを招いて季節の野菜を収穫するイベントには毎

まちの農園はいつも大賑わい

回多くの参加者が集まります。ジャガイモ、サツマイモなどはもちろん、白菜などの葉物野菜やイチゴなどの果物も収穫します。

また、収穫した農作物を活かした焼き芋、じゃがバター、豚汁などの販売も毎回多くの売り上げがあります。取れたての旬の野菜の素材の味を最大限生かして食べる体験は子どもたちにも大人にも贅沢な時間。地域の方が自作でピザ窯を創り、野菜を使ったピザを焼いてふるまうなど、毎回料理の内容も進化していきます。もちろんＢＢＱや餅つきも大人気です。

「まちの農園」の意義

このように楽しい企画が目白押しの「まちの農園」ですが、それ以外にも重要な意義があります。それは、「地産地消の新鮮野菜を多くの人が食べるきっかけとなること」「多くの人に役割を持ってもらいやすいこと」「収益を上げる方法が多様にあること」です。

第一に、地元で採れた新鮮な野菜を食べさせたい、子どもに食べさせたい、という声は年々強くなっています。私自身も地元の農家の皆さんからいただく野菜のおかげで子どもたちが野菜好きになったこともあり、新鮮な地元野菜が一番おいしいと確信しています。近くにスーパーがあっても野菜だけは「まちのえき」に買いに来てくださる方がいることがそれを証明していますが、地域住民、特に子どもたちが「まちの農園」を通して、地産地消の大切さやとれたて野菜のおいしさなど、「食」「農」を学べる貴重な機会となっています。

子どもも参加して野菜の収穫

第二に、「まちの農園」は地域の農家や自治会役員が中心となって運営していますが、それ以外の方も水やりや草引き、野菜の定期販売の店番、収穫祭のスタッフとしての手伝い、ＢＢＱの世話や豚汁などの調理等、さまざまな役割があります。子どもたちや高齢者、障がいを持つ方もスタッフとして活躍できる良い機会であり、真の共生社会の場が生まれやすいのです。

「ワクワク農園」の立ち上げの時に、当時の自治会長が挨拶された内容が大変印象的でした。「この農園を通る時にみんなが一人一本でもいいから、雑草を抜いてもらえないか。みんなが農園に関わってくれるからこそ、この農園は運営していくことができるんです」という内容でした。農家や自治会役員の皆さんが中心となって運営してくれていますが、地域住民の参加も持続可能な運営には不可欠。収穫祭への参加ももちろんありがたいですが、普段から水やりや草引きなど、スタッフとして、自分もオーナーの一人という意識で農園を育てることができれば、「まちの農園」は発展していきます。

第三に、「まちのえき」の課題の一つは「持続可能な運営を支える収益構造の構築」ですが、野菜や野菜を使った料理の販売は人気で、売り上げにも貢献しています。「まちのえき」の活動が大切と思っても、寄付などの直接的な財政支援をすることには抵抗感を持つ住民も少なくありません。しかし、「まちの農園」を通じて生産された野菜や料理は、買う方も納得感を持ってお金を払い、収益を確保できる貴重な手段です。地域活動はボランティアや無償が当然というこれまでの常識に一石を投じ、地域づくり活動の持続可能性を高めることを期待しています。

今、「ワクワク農園」ではホップを栽培しており、本市職員がクラフトビールの製造に活用しています。大豆を栽培して味噌を作ろう、という声もあり、コロナ禍を契機に、自分の手で野菜や野菜を活用して商品を作りたいという人が増えています。単に耕作放棄地を減らす、というだけでなく、楽しみながら、みんなの力で減らしていける「まちの農園」。これからも増えていくはずです。

2-9 まちのリサイクルステーション（循環する）

我々が日頃排出する燃えるごみの中には、古紙や容器包装プラスチック、食べきれなかった食品などが多く混入しており、リデュース・リユース・リサイクルの3Rはさらなる徹底が必要です。一方、コロナ禍のステイホームで家の片づけをする人も増え、無駄なものや使わないものを買わない・処分する「断捨離」ブームにも火がついています。

「まちのえき」に、ごみを分別して出すステーションや、資源物を交換したり、修理したりする場所、すなわち「まちのリサイクルステーション」があれば、ごみの削減はもちろん、資源物が地域内で循環して必要な人に届く、お得で楽しい場となります。

分別しきれない資源が捨てられている

生駒市では、家庭から出る燃えるごみの分別状況や、手つかず食品など食品ロスの割合を調べるために、定期的にごみ組成調査を実施しています。2024年3月に発表した最新の調査[文11]によると、燃えるごみの中の資源ごみの割合は、古紙類が9・6％（以下、重量比）、プラスチック製容器包装類が9・4％でした。また、食品ロスと言われる食べ残しの排出は燃えるごみ全体の14・9％、そのうち手つかず食品（まったく手がつけられないまま捨てられた食品）が8・0%となっています。

京都市などでも同様の調査[文12]が行われていますが、どの地域でも資源化できるものが燃えるごみとして捨てられており、3Rと言われるリデュース・リユース・リサイクルのさらなる徹底が必要と言えます。

3Rの取り組みを加速する「まちのリサイクルステーション」

一方、環境意識の高まりなどから、3Rの取り組みも着実に具体化しています。

本市でも家にある再利用可能なものを自治会館や公園に持ち寄る「まちのリサイクルステーション」を設置している自治会が増えています。

具体的には、以下のような機能を持ち、イベントを実施しています。

第一に、常設型の「リサイクルステーション」の設置です。決まった収集日だけでなく、「まちのえき」に来ればいつでも資源ごみが出せます。便利なのはもちろんですが、地域のみんなが集まる場所でごみを出すので、しっかり分別され、燃えるごみの量は減り、リサイクルも進みます。

第二に、食品ロスを減らすフードドライブの実施です。高齢者の一人暮らしや夫婦暮らしで食べきれなかった食品などを「まちのえき」に持ち寄り、「まちの食堂」「まちの喫茶店・カフェ」で利用します。

第三に、壊れたものを修理して使い続ける「まちのリサイクル工場」です。本市には子ども関係のイベントによく出店してくださる「おもちゃ病院」の取り組みがあり、修理の必要なおもちゃが毎回たくさん集まります。おもちゃ以外にも家電製品や家具の修理の上手な方や、本の修理ボランティアも活躍しています。

まちのリサイクルステーション

第四に、いろんなものの交換や寄付・配布の機能です。まだ使える家具や家電製品、サイズアウトした子ども服、子どもが読まなくなった本や遊ばなくなったおもちゃ、食品メーカーからいただいた商品、まちのパン屋さんから夕方にいただくパン、文房具や生理用品など、多岐にわたる商品の寄付をいただき、必要とする人たちに配布するのはWｉｎ－Wｉｎの取り組みであり、各地で広がっています。本市では、全国に先駆けて食器のリユースを市民団体が始めてくれましたが、高齢者のご自宅には多くの使用されていない食器があるので、それを若い世代に引き継ぐ場も効果的です。

第五に、生ごみのリサイクルです。生ごみは燃えるごみの中で大きな割合を占めるので、生ごみを有効にリサイクルすることが燃やすごみの削減にとって最大のポイントです。個別回収が難しい生ごみですが、「まちのリサイクルステーション」にメタン発酵の設備（小型のものは数十万円程度）を設置すれば、生ごみをメタン燃料と堆肥にできます。安定的な運用にはいくつかの課題もありますが、効果的な生ごみの削減ができるだけでなく、メタン燃料を活用して料理したり、コーヒーを淹れたり、さまざまな活動に展開できます。堆肥を地元農家や家庭菜園で活用してもらえれば、地域内循環もさらに深まっていくでしょう。

第六に、おもちゃのリユースは前述の「まちのプレイルーム」に役立ちます。家で使わなくなった将棋盤・囲碁版やボードゲームは「まちのプレイルーム」で大いに活用できます。本市では、市民団体が、各家庭で使われなくなったプラレールを集め、駅前の広場などで「つなげてあそぼう！プラレールひろば」を定期開催してくれていますが、おもちゃのリユースになるのはもちろん、家ではとても実現不可能な規模でのレールをみんなでつなぎ、好きな列車を走らせることのできる最高の遊び場になります。昔プラレールで遊んでいたお父さんが子どもを連れてきて「自然な形で」父親が育児をする機会にもなっています。男性の育児参加を１００回啓発するよりも効果的です。

昭和の「量り売り」文化も令和時代の「まちのえき」で復活しています。現在はシャンプーやボディソープなどの詰め替えパックが販売され、ボトルでの販売よりも環境に良いとされていますが、本市の「まちのえき」では、花王株式会社のご協力をいただき、花王製品の一部を量り売りで販売する一歩先を行くリサイクルの実証実験を行っています。家庭からボトルを持ってきて、「まちのえき」で量り売りで購入すれば、詰め替えパックすら不要になるので究極のごみ削減です。このような新しいチャレンジができるのも「まちのえき」ならではです。

最後にメルカリの活用によるリユース促進。前述したいろんな製品の寄付や配布にも言えることですが、デジタル技術の普及により、「寄付する人・モノ」と「寄付を受ける人」をより効果的につなげることが可能になりました。メルカリの仕組みはその最先端かつ最も利用されている取り組みでしょう。家の断捨離で出た資源は地域の「まちのえき」で交換したり、フリーマーケットなどで販売されることが望ましいですが、メルカリを活用して全国に届ける手段も有効であり、本市ではメルカリ活用のための実践的な講座も開催しています。今は、メルカリのスタッフに講師をしていただいていますが、将来的には子どもたちが高齢者の皆さんにメルカリ講座をするような場ができることを期待しています。

このように、ごみや資源の3Rには大きな可能性と多くの具体的な取り組みが秘められています。ごみは毎日出てくるもの。歩いて行ける「まちのえき」に「まちのリサイクルステーション」があれば、多くの方が自治会館に来る理由が生まれ、お得な価値が生まれ、環境にも良い、素晴らしい拠点になるのです。

2－10 まちの保健室・診療所（診る、癒やす）

高齢者のサロンで移動支援や免許返納の話をする時、行き先として最も声が上がるのは「買い物」と「医療機関」です。高齢化する社会の中で、診療所や病院などの医療機関に通いたいという要望は大変強くなっています。

免許を返納しても歩いて行ける「まちのえき」という場で、医療や健康づくりを具体化する取り組みが始まっています。

高齢者の外出目的として増え続ける「通院」

内閣府が公表している「高齢者の住宅と生活環境に関する調査結果（平成30年度）[文13]」によると、高齢者が外出する目的は「近所のスーパーや商店での買い物」が80・7％で最も高く、以下「通院」が45・2％、「趣味・余暇・社会活動」が44・6％となっています。

年齢が上がるにつれて、「通院」の割合が高くなっており、免許返納などを考える後期高齢者になればなるほど、通院など医療的な目的での外出が必要になるという深刻な課題が生まれています。

買い物の場合は、地域住民が利用するスーパーなどがある程度同じであり、地域公共交通の停留所にするなどの工夫も可能ですが、通院の場合は、住民が通っている診療所や病院がバラバラで、公共交通の整備だけでは対応できない難しさもあります。

「まちの保健室」を創る

したがって、「まちのえき」に医療・健康機能を持つことがこの課題への一つの解決手段となります。生駒市版「まちのえき」では、保健師の職員やコミュニティナースなどの協力を得て、「まちの保健室」とも言うべき場を設け、以下のような取り組みを進めています。

第一に、保健師の指導を受けながらの健康体操です。

百歳体操はすでに多くの地域で実施されていますが、保健師による健康体操はそれぞれの動きがどのような効果を持つのかなどを具体的に説明しながら行うので、参加者もより強い興味を持って指導を受けています。体操やストレッチなどを体験し、自宅などでも行うことでさらなる健康増進を図ります。

第二に、健康測定・体力測定の実施です。

血圧や体脂肪率、骨密度などの簡単な健康測定、握力や片足立ち、体前屈などの簡易な体力測定を行うことで、現在の健康状態や体力を見える化し、保健師の指導を加えることで食事のとり方や適切な運動を行うモチベーションを高めます。健康フェスティバルなどでも多くの高齢者が集まる

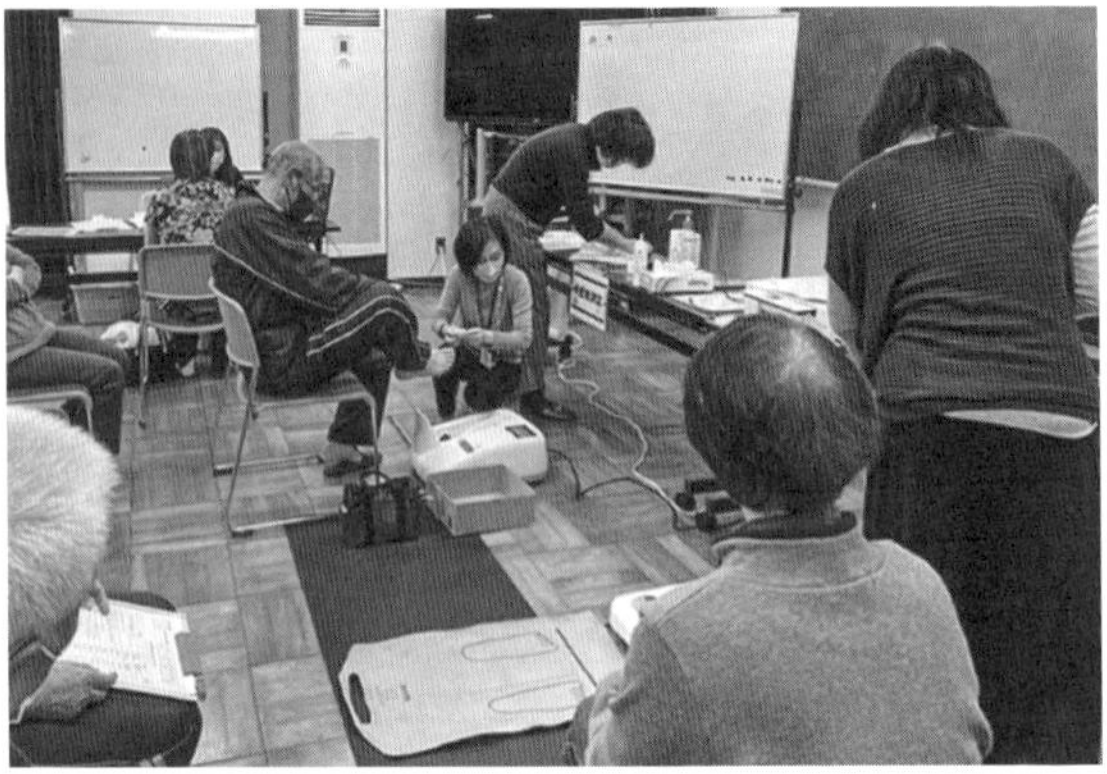

定期的な健康測定

人気のメニューですが、それだけ健康状態への関心が高いことの証左でもあります。

第三に、健康相談会です。

緊急性がそれほど高くなくても「腰が痛い」「関節が痛い」「物忘れがひどくなった気がする」などの不安を抱えて医療機関に行く方がたくさんおられます。もちろん必要な診療は速やかに受けていただきたいですが、専門家である保健師や看護師が「まちのえき」などでお話を聞き、運動やストレッチなどを指導するだけで、安心されたり、症状が軽快することもよくあることです。必要な場合には適切な医療機関などを案内することも可能です。また、認知症に対する悩みには、認知機能を高める脳トレのような習慣を勧めたり、必要に応じて地域包括センターにつないだりすることもできます。

第四に、子育てや介護をしている人の支援です。

患者本人ではなく、それを支える人の負担を軽減したり、アドバイスを行います。子育て中の親が「まちのえき」に来た時に、育児の悩みを聞き、アドバイスしたり、自治体の育児支援サービスや地域の子育てサークルの案内なども行います。また、認知症などの介護をしている方々の日々の悩みを聞いてアドバイスしたり、介護者の苦労談をお互いに共有するような「語る集い」も企画できます。

このように「まちのえき」に「まちの保健室」ができることで、さらなる健康増進を進め、子育て・介護のしやすい地域をつくることが可能です。

このような取り組みを進めるにあたっては、行政の保健師はもちろん、コミュニティナースと呼ばれる民間の保健師や看護師のお力が重要です。健康づくりとまちづくりを合わせて進めてくださるコミュニティナースの活動との連携を進める工夫が求められます。

「まちの診療所」の実現に向けて

これまで「まちの保健室」の有効性について述べてきましたが、高齢者を中心に「やはり医師に診療してほしい」というお声も当然ながらあります。

これについては、コロナ禍における要請もあり、政府で「オンライン診療」の議論が活発に行われた結果、当初はへき地のみに限定されていた対象地域が都市部にも拡大され、また、当初は「居宅等」のみとされていた診療場所についても、医療法施行規則第1条に定める特別養護老人ホーム

なども対象とされ、さらには条件を満たせば、地域の公民館なども診療場所として認められる方向となっています。[文14]

このような動きを踏まえれば、「まちのえき」において、医師からオンライン診療が受けられる「まちの診療所」が制度的には可能になると考えられます。

地域の医師会などの関係者との議論や協力は不可欠ですが、急速な高齢化による医療ニーズと移動支援の必要性の拡大を踏まえ、しっかり議論・具体化していくべきと考えます。

医療や健康づくりは、数あるまちづくりの課題の中で、市民の関心が最も高いものの一つです。歩いて行ける場所にこのような「まちの保健室」「まちの診療所」を整備することは行政にとっても地域にとっても不可欠で喫緊の課題です。

2－11　まちの保育園（育てる）

内閣官房の資料[文15]によると、自分の国が子どもを育てやすい国だと感じる日本人は38・3％で、他国と比べて低い数字です。これにはいろんな要因がありますが、地域や仲間で子育ての負担をシェアする機会が少ないことも大きな要因と考えられます。

「まちのえき」に「まちの保育園」を整備すれば、保護者の子育て負担軽減はもちろん、子どもたちにとってもたくさんの人との関わりの中で成長する機会となり、地域住民にとっても子どもたちから元気をもらえる場となります。

子育てしやすい環境づくりのためには、地域での子育てが必要

前述の資料のように日本は子どもを産み育てやすいと思う人の割合は、他国に比べて低く、38・3%にとどまっています（ドイツ77・0%、フランス82・0%、スウェーデン97・1%）。

子育ての負担として感じることとしては、「子育てに出費がかさむ」「自分の自由な時間を持てない」を挙げる人が多く、行政による経済的な支援と同時に、地域力も活用しながら子育て世帯の保護者の自由な時間を確保し、一息つける環境を整備することが効果的と言えます。

また、「日本は子どもを育てやすい」と回答した人にその理由を尋ねたところ、「各種の保育サービスが充実しているから」「教育費の支援・軽減があるから」との回答が、2015年と2020年を比較すると10ポイント以上増加しているのに対し、「地域で子育てを助けてもらえるから」「子どもを産み育てることに社会全体がやさしく理解があるから」と答えた人は減少しています。

「まちのえき」に、地域の皆さんが協力して子どもの面倒を見てもらえる「まちの保育園」ができれば、保護者の負担軽減はもちろん、高齢者にとっても子どもたちと触れあえる場所になります。

一時預かりの仕組みを創ることも可能で、保育園などに通わない子どものいるご家庭にとって、大きな育児支援となるのです。

「まちの保育園」とは

まちの保育園は主に以下のような機能を有しています。

第一に、子育て世代がみんなで集まり、ワンオペ育児による孤立した子育てではなく、「多対多」の育児ができることです。私も育児休暇を取って自宅で子どもの世話をしていましたが、気分良く育児できる時と、いわゆる「煮詰まる」時があり、1対1の育児がしんどい時に他の子育て世代のいる場に行くことは何よりの気分転換になりました。行政の施設でももちろん良いですが、気軽に歩いて行ける近所の公園や自治会館にそのような場があればなお便利です。前述したような絵本の読み聞かせ、プール遊び、公園遊びなどをみんなで楽しめると親も子どもも満足です。

第二に、育児相談。

先輩パパやママに育児のコツや、行政や市民団体などのサービスについて聞けたり、子どもとの向き合い方などのアドバイスをもらえる場は、核家族化の進む現在、貴重な場です。

行政サービスは充実しつつありますが、一人で子育てしていると行政サービスに関する情報を意外と見落としがちです。子育てが一段落した時に利用したかった子育てサービスの存在に気づいた、という笑えない事態も少なからずあります。「こんなサービスあるよ」「こんな育児サークルがあるよ」「こんなイベントに一緒に行かない？」というような仲間がいれば、子育ても楽しく、楽になります。

第三に、一時預かりや子育てシェア事業の実施。

高齢者をはじめ、多くの大人の目で子どもたちを見守り、コミュニケーションを取ることができれば、保護者が少し休める「一時預かり」サービスになります。本市でも、地域の大人が子どもを見守る間に、両親が買い物に行く、というケースが生まれています。

また、子育て中の保護者たちが数組集まれば、半数の親がお出かけし、残りの親で子どもたち全員を世話するような「子育てシェア」も可能です。海外ではよく行われますが、気心の知れた保護者が交替で子どもたちを見ることで、自分たちの時間も生み出せるわけです。この取り組みを自宅でなく「まちの保育所」でやれれば、保護者以外の地域住民の力や自宅よりも施設・設備の整った場所で対応できるという利点もあります。「一人のベビーシッターに預けるのは不安」「多くの人の目があるところで見てもらえるほうが安心」という方には「まちの保育園」の子育てシェアや一時預かりがありがたいはずです。

いずれの場合も、子どもが怪我したりするケースに備え、ＡＥＤの備えやかかりつけ医や保健師・保育士との連携、保険の加入などもできればより安心なので、行政や自治会での支援が効果的です。また、株式会社ＡｓＭａｍａさんの子育てシェアの仕組みなども「まちの保育園」と組み合わせれば、多様な子育て支援の場ができます。

第四は、家庭的保育事業です。

家庭的保育事業は前述の取り組みとは異なり、制度として確立している公的な事業です。行政からの支援もありますが、事業を始めるには、施設要件などを満たし、研修を受ける必要もあります。ハードルは高いですが、自宅近くにある「まちのえき」や学校などで、子どもを預け、同じ場所で働けるというのは理想的な環境であり、未来の暮らしを先取りするものです。

「まちの保育園」の取り組みは、子育て中の保護者の負担軽減はもちろん、地域の高齢者に元気を与えることができます。子どもにとっても、両親とは異なる人、高齢者や小中学校のお兄ちゃん、お姉ちゃんとの斜めの関係も生まれ、少子化・核家族化の進む現在、貴重な場となります。

地域のみんなで子どもたちを見守り、ともに成長できる場所「まちの保育園」。今後も進化を続けていきます。

2-12 まちのオフィス（働く）

コロナ禍の時期に、通勤という常識が崩壊し、テレワークで仕事するスタイルが社会に定着しました。自宅でテレワークする人が多数ではあるものの、自宅以外のテレワークを望む人も一定いることから、自宅近くでテレワークのできる「まちのオフィス」づくりが効果的と考えられます。「まちのオフィス」を利用する現役世代が増えれば、「まちのえき」の運営にも大きな力になってくれるかもしれません。多様な働き方の一つとして「まちのオフィス」は、個人の働き方改革、地域活動の活性化の両面から、大きな可能性を秘めています。

市民権を得つつあるテレワーク

コロナ禍は、通勤という常識に大きな一石を投じました。コロナ禍が終わった今、通勤を再開する人は増加していますが、オンラインでの会議は定着し、テレワークで仕事をするスタイルも市民権を得ています。

雇用、人材活用、組織マネジメントを行うパーソルホールディングス株式会社がコロナ禍後の2023年に実施した調査[文16]によると、企業のテレワーク導入率は2019年の20・2％から2022

年の51・7％へと倍以上に増加しています。また、2023年8月時点で、現在勤めている会社でリモートワーク・テレワークが「認められている」と回答した人は51・2％であり、「認められていない」と回答した37・7％を上回っています。コロナ禍が明けたことでテレワークをできなくなった人も一定数おられますが、コロナ禍後も半数以上の方が引き続きテレワークを認められており、テレワークが定着しつつあることが見てとれます。

自宅以外でのテレワークにもニーズがある

では、通勤しない人がどこでテレワークしているかと言えば、やはり多いのは自宅です。コロナ禍の2021年度の数字ですが、国土交通省の調査[文17]によると、テレワークしたい場所として83・7％が自宅と回答しています。

一方で、共同利用型オフィス（いわゆるシェアオフィス）との回答も約1割存在し、その理由として、「自宅だと家族に気兼ねするから」「職場以外の人との交流や人脈」「買い物のついでに利用したい」「自宅にこもりがちになり、健康に良くないから」などの回答が寄せられています。

「まちのオフィス」のメリット

そこで、私は「まちのえき」、すなわち自治会館を「まちのオフィス」としてテレワーク拠点として活用してはどうかと考えています。前述したまちかど図書館のスペースを活用したり、平日あまり活用されない自治会館のスペースを改装するのです。インターネット環境やオフィスのインテリア、デスクやチェアなど、テレワーク専用のシェアオフィスと同レベルの執務環境は難しいかもしれませんが、利用料金を徴収しつつ、一定の設備投資は可能です。本市のように自治会館のインターネット環境の整備に補助を行う自治体も増えてくると思います。

シェアオフィスやカフェでのテレワークと比して、「まちのオフィス」でのテレワークが持つメリットとしては以下の3点が考えられます。

はじめに、自宅から近いこと。自宅以外でテレワークできる場所は、たいてい主要駅周辺などまで出ていかなければありませんが、「まちのオフィス」なら徒歩圏内です。何か問題があればすぐに自宅に帰ることも可能です。

第二に、子どもを預けることが可能であることです。自宅で育児をしている時、どうしてもテレワークで職場とやり取りすることが必要なケースが発生することがあります。このような時、子どもが昼寝していたり、一人で遊んでいたりしてくれれば問題ないのですが、泣いたり、トラブルが発生したりして、テレワークの途中で対応を余儀なくされることもあります。「まちのオフィス」であれば、子どもが場所や地域の方に慣れているので、短時間預かっていただくことも可能であり、安心してテレワークに集中できます。

第三に、利用料金が比較的低廉であること。「まちのオフィス」も当然利用料金を徴収すべきですが、民間のオフィスに比べれば低廉であるケースが多く、短時間や気軽な利用には好都合です。

このほか「まちのオフィス」であれば、家族に気兼ねすることもなく、また、外に出かける良い機会にもなり、健康面でもプラスです。また、ついでに「まちのえき」で買い物や食事もできるほか、地域の方と知り合い、子育てや介護を地域の力を借りながら進めるためのつながりづくりもできます。

「まちのオフィス」利用者は、コミュニティの担い手になる!

「まちのオフィス」について、地域づくりの視点からのメリットもあります。それは、「まちのオフィス」利用者が地域づくりの担い手になるということです。

現役世代である「まちのオフィス」利用者は、高齢者と比して、地域活動との接点があまりない世代です。学校や園の保護者同士のつながりはあっても、自治会活動には最低限の参加しかしないという世帯も少なくありません。

しかしながら、コロナ禍でステイホームを余儀なくされた現役世代は、地域で過ごす時間を経験し、地域の良さや大切さを肌で感じました。だからこそ、「まちのえき」のような地域活動に一定の理解を示し、食事や買い物などで「まちのえき」を利用してくださいます。「まちのえき」を利用した現役世代は、「まちのえき」運営にも力を貸してくれます。実際に事務作業のデジタル化、ＳＮＳの活用による効果的な周知などで活躍するケースも生まれています。

このような流れで、地域に関わることの大切さと楽しさを知った現役世代の住民は、将来の自治会や「まちのえき」の大切な担い手・後継者候補です。高齢者・子どもだけでなく、現役世代を直接「まちのえき」に巻き込むためにも、「まちのオフィス」は有効なのです。

2−13 まちの避難所・交番（守る）

２０２４年の元旦に発生した能登半島地震は、「災害はいつやってくるかわからない」ということを再認識する出来事でした。高齢化の急速な進展を受け、身近な場所で災害時に助けあえる「共助」の仕組みづくりが急務となっています。

また、近年減少を続けていた刑法犯認知件数も詐欺被害を中心に２０２２年から増加に転じ、防犯面での不安も大きくなっています。

高齢化、デジタル化が進む中、地域力を生かした防災や防犯を進めるためにも、「まちの交番」「まちの避難所」の機能を整備しておくことが不可欠です。

指定避難所まで行けない住民の増加

能登半島地震では200名を超える方が命を落とされ、多くの方が避難所での生活を余儀なくされています。心からのご冥福、お見舞いを申し上げます。

頻発する大地震や、これから発生が危惧される東南海トラフ大地震の報道などもあり、全国的に災害、特に大地震への不安が高まっています。

一方、高齢化に伴い、地域の現場からは「足腰が弱っているので、指定避難所に行くほうがリスクが高い」「遠すぎて歩いて行けない」「でも高齢者の一人暮らしなので、災害時はみんなと一緒のほうが心強い」などの声を聴くことも増えてきました。

まちの避難所

このような現状を踏まえ、「まちのえき」に「まちの避難所」を整備することを真剣に考える時期に来ています。「まちの避難所」は、指定避難所まで行けない方が避難する場所として、自治会長などの判断により自治会館を簡易的な避難所として開放し、地域住民が集まって風水害や地震などの災害が落ち着くまでともに過ごす場とする取り組みです。

「まちの避難所」のメリットはいくつか考えられます。

第一は、なんと言っても住民のお住まいからの近さです。指定避難所に行けない人でも歩いて行くことが可能です。

第二に、ご近所さん同士、気心知れた方たちと一緒に過ごせることです。日頃、自治会活動に参加している人たちであれば、お互い顔見知りで、避難所であまり気兼ねすることなく、安心して時間を過ごすことができます。

第三に、市役所からの支援が一定見込めること。本市では、「まちの避難所」に対し、一定の避難物資の提供を行っています。

第四に、自治会館の災害対応力の強化が進んでいることです。現在、本市では、自治会館のWi－Fi整備や自治会員をSNSでつなぐ取り組みを支援しているほか、電気自動車や急速充電器の整備、さらには電気自動車と自治会館の電気系統をつなぐ工事にも支援を検討しています。停電時にも電気が供給され、Wi－Fiが使える自治会館は、かなり災害対応力の高い避難施設と言えます。

増加に転じた刑法犯認知件数と詐欺被害の急増

「まちのえき」が住民の安全・安心に役立つのは、災害時だけではありません。

我が国の刑法犯認知件数は、2002年の285万4千件をピークに、戦後最少となった2021年（56万8千件）まで19年連続で減少しましたが、2022年に60万1千件と増加に転じ、2023

青色防犯パトロール車

年は前年比17％増の70万３千件となり、２年連続で大きく増加しています。

特に増加が顕著なのが詐欺による被害で、被害額は約１６２５億８千万円と前年から85・４％増えています。中でも、インターネットが使われる詐欺が多く、インターネットバンキングを悪用した不正送金、ＳＮＳを悪用した投資詐欺やロマンス詐欺など新たな犯罪の手口も広がっています[文18]。

まちの交番

このように、犯罪被害が増加している昨今、「まちのえき」の中に「まちの交番」的な機能を組み込むことは非常に効果的です。

具体的には、高齢者の百歳体操教室と合わせて、地域の交番による特殊詐欺防止の出前講座を実施したり、消費生活相談が気軽にできる機会を設けることなどが考えられます。インターネットの利用が進んでいることも踏まえ、ＳＮＳやインターネット利用時のリスクを回避する方法や、高齢者や子どもに多い交通事故の防止に関する講座も大きな意味があります。地域の交番と行政、自治会の連携により、犯罪件数を減らすことができるはずです。

また、「まちのえき」で電動自動車を購入できれば、安全パトロールの青色パトロールカーとしても活躍するだけでなく、前述したように災害時の電源としたり、地域住民連れだって買い物や駅に行く際の移動手段としても活用できます。

地域の安全・安心を守るのは、自助や公助はもちろんですが、「まちの避難所」「まちの交番」といった、「共助」の取り組みが何より重要になるのです。

2-14 まちのマーケット・マルシェ（楽しむ）

最後に紹介する「まちのえき」の取り組みは、「まちのマーケット」「まちのマルシェ」です。

「まちのえき」の成功は、楽しい場や機会をつくり、多くの人が自然に集まることにより、それがさらに追加的な機能や取り組みを生み出すという持続可能な好循環にほかなりません。

したがって、本章で紹介したような機能や取り組み、または、ここで紹介しされないその他の取り組みや新しい企画などが組み合わさり、いろんなものが楽しめる「マーケット」「マルシェ」「バザール」のようなものが定期的に開催されることが理想です。

暮らしたい地域は自分で創ろう！

生駒市では、「いこまちマーケット部」という取り組みを始め、市民がマーケットやマルシェを行う活動に行政が伴走しています。２０２３年3月には、「いこまちマーケット部」による初めてのマーケットが行われ、大盛況となりました。終了後も、この経験を活かし、部員がそれぞれ、また、何人かで集まって、継続的に市内各地でマーケットを開催してくれています。[文19]

どうして「マーケット」の開催を行政がここまで熱心に支援するのでしょうか？

それは、ベッドタウンとして成長してきた本市が、単に「住みやすさ」だけでなく、「働きやすさ・多様な働き方」、そして何より、「暮らす価値を市民が自ら創る」という令和時代の新しい住宅都市を目指しているからです。

生駒市は京都・奈良や大阪に近く、大規模な商業施設やエンターテインメント、世界レベルの歴史文化遺産に気軽に行くことが可能です。しかし、本当に魅力的な暮らしは、自ら創り出すことによってはじめて具体化するのです。例えば、本市には、市民がプロデュースするコンサートがありますが、行政が主催していたコンサートよりも、市民が汗をかいて企画したコンサートのほうが音楽のジャンルも多様で観客の満足度も高く、入場者数も多くなりました。また、企画した市民の満

マルシェでワークショップを楽しむ子どもたち

足度も高く、継続的にコンサートをプロデュースするだけでなく、音楽以外の分野でも、まちの担い手として活躍してくれるという素晴らしい成果が生まれています。

百歳体操など、多くのボランティアが豊かで健康的な暮らしを率先して創ってくださった本市の歴史も踏まえれば、人が集まる楽しい場所を、市民と事業者、行政が連携して創り上げていくことこそがまちづくりの基本原則です。自治会館や公園を舞台に「まちのマーケット」を開催すれば、子育て世代を中心に全世代が楽しめ、「まちのえき」の各種取り組みとも連携可能な最高の場になるのです。

「まちのマーケット」の意義

「まちのマーケット」の意義は以下のとおりで

す。

第一に、現役世代の集客力が高いこと。マーケットはどんな年齢層も対象にすることができますが、現役世代、子育て世代をターゲットにできることが大きなポイントです。地域活動はまだまだ高齢者中心になりがちですが、マーケットは集客力が高く、しかも比較的若い世代が多く参加してくれる点で重要です。

第二に、公園活用の有効な方法となることです。前述したように、公園の有効活用は多くの自治体の課題です。子どもや高齢者だけが集まる場ではなく、現役世代も活用できる場として公園が認知され始めれば、その管理・活用のあり方についての議論が自律的に進み始めます。歩いて行ける身近な公園があまり活用されていない現状に対し、「まちのマーケット」は大きな一石を投じる効果的なコンテンツです。

第三に、子どもが主役のマーケットにも大きな可能性があることです。マーケットは、現役世代だけでなく、子どもが地域の中で主体性や責任、そして地域を楽しむことを学ぶ最高の機会になります。本市では職員提案により、子どもだけが売り手となる「キッズマーケット」を開催したところ大盛況となり、子どもたちも保護者も楽しみながら成長する機会となりました。地域の金融機関や専門家などの講義を聞いたうえで、子どもたちが自分で商品やサービスを考え、値付けしたり、宣伝したりします。子どもにとっても学校で学べない多くのことを学び、成長できる機会ですが、見守る保護者が子どもたちの成長に涙し、より良い親子の関係性が生まれます。

第四に、住民一人一人に寄り添い、段階的に地域づくりへの参加を進められることです。最初はお客さんとしてマーケットを楽しむことから始め、繰り返し参加したり、買い物したり、会話したりする中で、自分もブースを出したり、スタッフとしてお手伝いするなど、一歩踏み込んだ関わりを持つようになる人もいます。さらに、マーケットにピッタリのお店やサービス・人を呼んできたり、プロデュースを始める人もいます。創業に挑戦する人も生まれます。マーケットをプロデュースしてくれる人が増えると、まちは豊かで楽しい場所になります。いきなりプロデュースは無理でも、お客さんとして参加するところから、少しずつ、マーケットや地域に入り、段階的に街への参加レベルを高めていける場として、マーケットは優れています。

第五に、いろんな組み合わせが可能なことです。子育て層をメインターゲットにした子育てマルシェも、高齢者を主な客層とする福祉的な要素を盛り込んだ場も可能です。本や音楽などのテーマに絞ったマーケットやマルシェも面白いですし、前述のように売り手が子どもや障がい者やその支援者というマルシェも考えられます。不要品を交換したり、フリーマーケットのような環境配慮型のマーケットも増えていくかもしれません。

「まちのえき」の目的は単発のマーケットではなく、あくまで日常的な生活を楽しく支援する場であることです。しかし、「まちのえき」とも連動したイベントとしての「まちのマーケット」は、高齢者はもちろん、普段あまり地域に目が向かない現役世代も地域で楽しむきっかけとなり、「まちのえき」の持続可能な発展にもつながっていきます。

「まちのえき」の活動の集大成としての場である「まちのマーケット」。全世代が集まる素晴らしい場所を皆さんの手で創り上げてください。

第3章

「まちのえき」の現状と多様な効果

3-1 「まちのえき」の現状と効果

ここまでは、「まちのえき」が必要な社会的背景と、「まちのえき」の具体的な取り組みや事業についてご紹介してきました。

第3章では、本市の「まちのえき」が実際にどのような活動をし、どのような効果が出ているのかについて、可能な限り定量的・具体的に紹介します。

はじめに、「まちのえき」の総括的な現状と主目的とも言える福祉的な効果について紹介します。

増加を続ける生駒市版「まちのえき」

生駒市の「まちのえき」は、２０２４年3月現在で、市内12か所14自治会が設置しており、２０２４年度中にさらに3か所5自治会での設置が見込まれています。本市には、約１００か所の自治会館と１２８の自治会があるので、約15％の地域で「まちのえき」が運営されることになります。コロナ禍で飲食や人が集まることが厳しく制限される中でも設置か所が増えてきたことは、地域における「まちのえき」への期待の高さを感じます。

本市の「まちのえき」は、百歳体操を土台にして展開するケースが多いのですが、百歳体操の開催場所数は、２０２３年12月現在で１０１か所であり、自治会館では73か所開催されています。百歳体操の後などに、地域の方が集まってお茶を飲みながら話したり、レクリエーションを楽しんだりするサロンも市内47か所で実施されていますので、このような活動を発展させ、「まちのえき」をさらに増やすことは十分可能と考えています。

本市では、２０２６年度中に「まちのえき」を50か所、市内の約半数の地域で設置することを目標としています。厳しい目標ですが、「まちのえき」のか所数が増えれば増えるほど、歩いて「まちのえき」まで行ける人は増えますので、地域の関係者と調整しながら取り組んでいます。

開催頻度、参加者数など

「まちのえき」は、「いつ行っても開いている、誰かいる」のが理想ですが、いきなりそのような運営は難しく、本市でも、ほぼ毎日開いている「まちのえき」は1、2か所にとどまっています。現状は、平日週に一度開催される百歳体操に「まちのえき」の事業を組み合わせ、主に高齢者をターゲットとして開催する地域と、イベントなどに合わせて月に1、2回程度、子育て層を主なターゲットとして休日に開催する地域が多いようです。

参加者数は地域によって差がありますが、平日開催でも、百歳体操や移動販売を組み合わせて、平均して30名程度、多いところでは50から１００人近くの方が集まります。青空市も、質の良い新鮮な野菜が安く手に入るという口コミが広がり、開始前から10名以上の方が列を作って待っていることも少なくありません。

休日のイベントと組み合わせた「まちのえき」では、キッチンカーでの食事や各種のワークショップ、マルシェなどを目当てに数百人が集まり、どこも盛況です。

コロナ禍により、百歳体操はじめ、地域の集まりに参加する人の数は減少しましたが、「まちのえき」の活動を契機に、再び住民が自治会館や公園に集まり始めています。

「まちのえき」の健康増進効果

ここからは、第2章で述べた「まちのえき」でのさまざまな機能や事業の結果生じた、各種の福祉的な効果についてご紹介します。まず、最初の福祉的効果は、健康増進効果です。

2021年度の本市の65歳男性の平均余命は21・38年であり、奈良県39市町村中第1位、健康寿命も19・75年で第2位となっています（全国平均はそれぞれ、19・85年、18・29年）。女性は平均余命は25・20年で県内第12位、健康寿命が21・55年で県内10位であり、男性ほどではありませんが、こちらも平均よりも良好な数値となっています（全国平均はそれぞれ、24・73年、21・45年）[文1]。

また、本市の要介護認定者の割合は、この10年間、約14〜16％であり、全国平均の18〜19％と比してもはっきりと低い水準で推移しています。本市は全国でもトップレベルの長寿、健康都市なのです[文2、3]。

「まちのえき」には、「まちのスポーツジム」や「まちの保健室・診療所」の機能があります。本市の百歳体操開催箇所数は、前述したように約１００か所あり、「まちのえき」を設置しているすべての自治会で百歳体操が実施されています。体操のために自治会館などまで歩いて行くことだけでも、家に閉じこもりがちな高齢者には貴重な健康増進の機会ですし、百歳体操は重りも使って行うエクササイズで、50歳の私がやっても結構な運動量。定期的にやれば日常の生活機能が維持され、健康増進につながることは身をもって体感しています。

また、百歳体操に加え、体操のインストラクターによる健康体操やストレッチ、保健師による健康に関する出前授業や相談会、事業者の支援による体力測定なども複数の「まちのえき」で実施されています。

「まちの食堂・喫茶店」の役割も小さくありません。飲食付きのサロンを実施している「まちのえき」は7か所あり、月1回の地域から毎週開催の地域まで、それぞれのペースで実施しています。「まちのえき」でお弁当を販売している地域は5か所で、月1回から週1回のペースで実施され、多くの方が利用しています。また、本市の「移動販売等支援パートナーズ制度」に参加している24の企業のうち、キッチンカー事業者は11を占めており、イベント時を中心に食事の販売をしてくださっています。低栄養が健康に与える影響は大きく、歩いて行ける場所にこのような食事の機会が確保されていることも健康増進には重要な要素です。

実際に「いつもは朝ご飯をちゃんと食べないことも多いけど、自治会館のカフェで朝ご飯を食べられるのはありがたい」「いつもはお昼ご飯を一人で食べるけど、自治会館で食堂をしてくれる時はみんなとお話ししながら食べられてうれしい」というお声をたくさんいただいています。

このように、「まちのスポーツジム」「まちの保健室」「まちの食堂・喫茶店」による総合的な取り組みが本市の健康増進や寿命の長さにも効果を発揮していると考えています。

居場所づくりとまちの活性化

「まちのえき」が持つ福祉的効果は健康増進だけではありません。

高齢者をはじめとする住民が集まり、交流することによる居場所づくり、孤独・孤立の防止なども大きなポイントです。『平成30年版高齢社会白書』[文4]によると、外出の頻度が高く、人との会話が多い人ほど健康状態が良いとされています。

1 まちの図書館

「まちのえき」によって生まれた居場所としては、「まちの図書館」が代表事例です。

本市の「まちの図書館」開設数は5か所で、常時利用可能な自治会が3か所、週に1回程度利用可能な自治会が2か所となっています。本市図書館やそのスタッフも積極的に連携しており、「まちのえき」への出張図書館の開催が17回、144冊を貸し出し、子どもへの読み聞かせの会も13回実施しています。本好きな方や子育て世代が自治会館に自然に集まり、高齢者の一人暮らしによる孤独・孤立や、「ワンオペ」「孤育て」と言われる子育て負担が片方の親に過重になる状態を防止する場となっています。

「一人で子育てして精神的にも体力的にもきつかったけど、自治会館で読み聞かせに来たら、同世代の親子とも知り合いになって楽になった」「いろんな絵本を子どもたちに体験させられる場は貴重」とのお声をいただいています。

2 まちのアトリエ・スタジオ

「まちのアトリエ・スタジオ」も人気です。百歳体操の後に歌を歌ったり、楽器を演奏したり、というサロン活動はもちろんのこと、団塊の世代が退職して地域に入り、文化活動に取り組み始めたことにより、自治会館を使った写真展や絵画・書道展なども増えてきました。自治会主催の文化祭は主なものだけでも10か所（そのうち「まちのえき」実施自治会は3か所）行われています。

「これまであまり趣味らしい趣味がなかったけど、この年になって手習いを始めたら結構はまってしまった」「お稽古に来てるというよりも、おしゃべりに来てるようなもの」などのお声もお聞きしており、文化・芸術活動が素敵な居場所になっていることがうかがえます。

3 まちの農場

体や手を動かしたい人、アウトドアが好きな人は「まちの農場」が居場所になります。

「まちの農場」の設置はまだ1か所ですが、「農」「食」を切り口にした取り組みは、集客力も高く、収穫した農作物を使った地域食堂やＢＢＱ大会など、いろんな企画に発展可能なのが特徴です。

参加者からも、「子どもにはゲームばかりでなく自然に触れあってほしいから農業体験は貴重」「自分で育てた野菜が一番おいしいことを家族全員が学んだ」「おいしい食べ物があるところには人が集まる」などのお声も聴いており、自然と人が集まる場所として、「食」の要素を大切にしながら居場所づくりと他地域への横展開、耕作放棄地の解消などにつなげていきます。

4 まちのマルシェ

このほか、世代を超えて多くの人が集まる「まちのマルシェ」など、「まちのえき」で行われているすべての事業はすべて「居場所づくり」「コミュニケーション」の場です。外出の機会を生み出し、集まった人たち同士が自然に会話する雰囲気があることが「まちのえき」の最大の福祉効果とも言えるのです。

子育て・教育の支援

高齢者だけでなく、子育て世代にとっても「まちのえき」は子育て・教育面で大きな効果をもたらしています。

1 まちの学校

「まちの学校」は子育て・教育支援の代表的な取り組みであり、自治会館で子どもたちの勉強の場を設けている地域が2か所あり、定期的に実施しているところと、夏休みなどの宿題合宿を兼ねて随時実施しているところがあります。近年高まっている自習室に対する要望に対しては、「まちの図書館」の一角や自治会館の空きスペースを、自習スペースやテレワークスペースとして活用する地域が出てくることを期待し、また、応援しています。

市が主催する出前講座は、２０２３年度に「まちのえき」を含む市内各地で17か所開催され、コロナ禍の影響が残る中、約７２０人の方が受講されました。市の講座だけでなく、住民同士がお互いの特技や専門知識を教え、学びあう場づくりや、子どもが大人に教える機会なども増えていくことでしょう。

利用者からは、「家だと勉強しないけれど、みんなと一緒だとちょっとは勉強しているみたい」「末っ子が、自分より年下の地域のお子さんにいろいろ教えたことをうれしそうに話してくれた」「市役所のことやまちづくりについて、勉強になる」などのお声をいただいています。

2 まちの遊び場

「まちの遊び場」も子育て支援に大きな役割を果たしています。

本市には、市民が始め、発展しながら継続している「公園にいこーえん」という取り組みがあります。地域の公園で市民が手作りで企画・運営する「まちのプール」や、焼き芋パーティ、公園でのキャンプ・BBQや焚き火などの取り組みも広がっています。

室内企画としても、健康麻雀が二つの「まちのえき」で週1回開催されているほか、将棋・囲碁やオセロ、折り紙教室、モノづくりワークショップなど多数開催されており、多彩なレクリエーションが展開しています。

「おじいちゃんやおばあちゃんと遊んだり、話したりするのは自宅ではできないのでありがたい」「子どもと遊んで元気をもらった」「折り紙ですごいものを作れることがわかった」「夫がずっとやっていた麻雀を私もこの年になってやってみたけれど、もっと早くやっていれば良かった。楽しすぎる」などの声が多数届いています。

3 まちの保育園

今後、本市でも広げていきたいのが「まちの保育園」「まちのオフィス」です。

子どもの一時預かりや子育てシェアを正式な事業として実施している「まちのえき」はまだありませんが、開催に向けた検討が2か所で進んでいるほか、保護者が買い物している間、子どもたちを地域の方が見守る事例が生まれるなど、具体的な取り組みが少しずつ始まっています。

また、本市では、保健師が子どもの生まれたご家庭を全戸訪問していますが、これに加えて「まちのえき」を訪ねて出前授業をしたり、子育て世代の質問や相談を受ける取り組みも進めています。

4 まちのオフィス

「まちのオフィス」もこれからの取り組みであり、本格的に「まちのオフィス」として活動が始まっている事例はまだありませんが、子育て支援は子どもたちだけが対象ではありません。子育て中の保護者が子育てしやすく、働きやすい環境を企業や行政だけでなく、地域発でも実現することにより、子育て層が移住・定着する地域になります。先行事例が生まれることを期待し、行政も全力で応援しているところです。

その他の効果（防災・防犯、デジタル化）

これまで述べてきたような効果に加え、「まちのえき」には防災や防犯など、住民の安全・安心を守る機能が備わりつつあります。

1 まちの避難所

第2章で紹介した「まちの避難所」ですが、生駒市内の自治会館のうち、災害時に簡易避難所として利用されたことのある自治会館は4か所あり、避難者数はそれぞれ2～6名でした。自治会館に避難した方からは「遠くの指定避難所には行けないが、一人自宅で過ごすのも不安だから自治会館に来た。近所の知り合いと一緒に過ごせて心強かった」というお声がありました。このような状況にある高齢者は確実に増えており、高齢者が安心して避難できる場所としての自治会館、「まちのえき」の存在感は高まっています。

これに関連して、市の補助制度を活用してＷｉ－Ｆｉを整備した自治会館が５か所あり、平時の自治会業務の効率化に加え、災害時の情報収集や発信などの体制を地域単位で強化しています。太陽光パネルを設置している自治会館は２か所で、脱炭素先行地域である本市の取り組みの一翼を担うとともに、災害時の非常用電源としての活用を進め、災害に強い自治会館の整備を進めています。

防犯面でも「まちのえき」は活躍しています。自治会で自動車を保有している地域は２か所で、平時は青パトなどの見守り・防犯活動に利用し、災害時は非常用電源になります。今後は買い物支援などにも活用を検討しています。

「最近は自宅に押し入る強盗が増えているとニュースで聞いているが、青パトが回ってくれると防犯効果がありそう」「子どもたちの登下校も安心」との声が届いています。

2 自治会のデジタル化

また、「まちのえき」の取り組みを進める中で、コロナ禍による接触機会の制限、スタッフ同士のやり取りや地域の住民への周知の機会の増大など、必要に迫られていることもあり、自治会でもデジタル化が進んでいます。市が自治会のデジタル化を支援したこともあり、自治会独自のＳＮＳアカウントを取得しての情報発信や、会員への周知や役員のやり取りにデジタルツールを活用する事例が増えています。

「まちのえき」では各世帯の不要品を集める機会もありますが、これらの不要品をメルカリなどのネットで販売して活動資金にする自治会も出てきています。「まちのえき」がきっかけとなり、さまざまな機会で自治会のデジタル化が進んでいることも特筆すべき成果の一つです。

3－2　高齢者の移動支援は改善されたのか？

前節では、「まちのえき」のさまざまな効果を述べましたが、その中でも特に重視して取り組んできたのが、高齢者を中心とした移動支援の課題です。

運転免許証を返納したり、車を手放したりした市民が、車に頼ることなく、日常生活を送ることができるか、という課題は、少子高齢化の進む我が国のすべての地域で共通の課題です。

本項では、「まちのえき」によって、この課題にどのような改善が見られるのか、紹介します。

「まちのえき」で買い物する人が増えた！

第2章でも述べたように、高齢者の外出目的は、「近所のスーパーや商店での買い物」が80・7%

で最も高く、以下「通院」が45・2％、「趣味・余暇・社会活動」が44・6％となっており、年齢が上がるにつれて「通院」の割合が高くなります。

「まちのえき」には、「買い物」「健康づくり、健康相談」「趣味、社会活動」のそれぞれの機能がありますので、それぞれの活動頻度や住民による利用状況を見ていきます。

1 「まちのショッピングセンター」の活用状況

最初に、「まちのショッピングセンター」の活動・利用状況ですが、生駒市では主に二つの事業者が移動スーパー事業を展開しています。

移動スーパーとくし丸は、本市の近商ストアと連携し、市内8地域で移動販売をしています。週2回（年96回）開催するところが6か所、週1回（年48回）が1か所、月1回（年12回）が1か所となっています。お客様の数は多いところと少ないところがありますが、平均して約5名程度とのことです。

これらを合計すると、年間約3200人が移動スーパーで買い物をしていることとなります。

生活協同組合（コープ）の移動販売は、週1回（年48回）の移動販売を市内の19か所で行っています。お客様の数は、3名のところから40名を超えるところまで多様で、合計の利用者数は約7300名です。つまり、本市で年間1万人を超える人が移動スーパーで買い物をしていることになります。

2 農作物の移動販売

移動スーパーと同じく、地域住民に喜ばれているのが、農作物の移動販売です。

生駒市では、駅前や地区のコミュニティセンター、JAの駐車場などで農作物の移動販売が行われ、駅前会場だけでも年に36回の販売があり、盛況です。

これに加え、「まちのえき」を含む地域の自治会館で、よりきめ細やかな形での移動販売が行われています。月に1、2回、13か所での開催で、1か所当たり20名程度のお客さんがおられるので、利用者総数は3千人を超えています。

3 新しい試み

人口約12万人の本市で、移動販売を利用した人は1万5千人程度ですから、一定の効果はあるものの移動支援の効果はまだ限定的です。

しかしながら、移動スーパーや農作物の移動販売に加え、現在、本市では、子ども関係商品、デザートやスイーツなどの移動販売も始まっています。また、移動販売が継続・定着し、その便利さが地域に浸透することにより、1か所当たりのお客様の数も増えていきます。移動販売による買い物支援、移動支援の効果はこれからますます大きくなるでしょう。

「まちのえき」に来れば通院する人を減らせる！

高齢者の外出目的として、買い物に続く2番目に来るのが「通院」です。

「まちのえき」での診療はまだ始まっていませんが、体操教室や体力測定、健康相談が多くの地域で始まっています。適切な健康相談や健康づくりの場があれば、必ずしも通院する必要はない、通院の回数を減らしても良い、と考える人もおられるので、「まちの保健室」の機能は、移動支援につながる側面を有しています。

「まちのえき」を中心に本市内で開催されている百歳体操は、2015年度に2か所から始まり、多くのボランティアなど高い市民力にも支えられ、コロナ禍前の2020年度には89か所まで増加しました。

コロナ禍により参加者数を減らしたものの、コロナ禍の後、2023年度には101か所まで増えており、まさに歩いて行ける場所に体操教室がある状態が生まれています。毎週1回、100か所の会場で百歳体操が行われることで多くの参加者が集まっており、通院しなくてよい健康な身体づくりや、通院でなく体操教室に通うことを選択する人が少なからずいることは、結果として移動支援への効果を生み出しています。

また、体力測定や健康相談会を開催した自治会が4か所あり、市の保健師による巡回や健康体操指導を行った自治会も1か所あり、通院に代わる機能を「まちの保健室」が担う効果はますます大きくなりそうです。

趣味・社会活動の場としての「まちのえき」

高齢者の外出目的の三つ目は「趣味・余暇・社会活動」です。

「まちのえき」の多くの機能が「趣味・余暇・社会活動」につながるものであり、その具体的な内容や活動回数などは第2章で紹介したところですが、ここでは、その代表事例である高齢者のサロンについて説明します。高齢者サロンは、多くの人にとって趣味の活動ができる場であり、余暇の時間を他の住民と過ごせる場でもあり、スタッフとして活躍できる場でもあります。

本市で開催されている高齢者サロンは、56か所（2023年12月現在）であり、そのうち自治会で開催されているものが47か所と大半を占めます。コロナ禍で中止を余儀なくされたサロンも少なくありませんが、少しずつコロナ禍前の活気を取り戻しつつあるようです。

趣味や余暇、社会活動の場も、これまでは比較的自宅から遠い場所、例えば市外や、市の中心地域などで活動する人が多かったのですが、高齢化が進むにつれ、活動場所は市外から市内、市内から歩いて行ける地域へと変遷しつつあると感じます。車の運転も、電車に乗るのも大変になったから自宅にこもるのではなく、身体機能の変化に応じて、活動できる場所を多様かつきめ細やかに整備していく「まちのえき」の発想が今こそ大切であり、車に頼らず趣味や余暇を楽しみ、社会に貢献できる場や機会が生まれることで、大きな移動支援にもなるのです。

今後は、「まちのえき」ができたことで移動支援になっているのかどうかを客観的に評価するため、「まちのえき」の活動への参加者数のデータの整備・分析のほか、参加者へのアンケートなどを通じて、「まちのえき」への満足度や移動支援としての効果、期待する追加的な機能などを明らかにしていくことが課題です。

3−3 地域経済の活性化と多様な働き方の促進

「まちのえき」の効果として大切なものの一つが地域経済の活性化と多様な働き方の促進です。地方創生が進む現在、地産地消を進め、地域経済循環を高めることが以前に増して重要になっています。「まちのえき」は地域経済の活性化にも大きな効果を生むのです。

生駒市の地域経済の現状と課題

地域経済分析システム（RESAS）によると、本市の地域経済循環率は55・7％と低い水準です（図3・1）。少子高齢化、人口減少の時代下でも持続可能な発展を続けられる地域であるためには、大阪

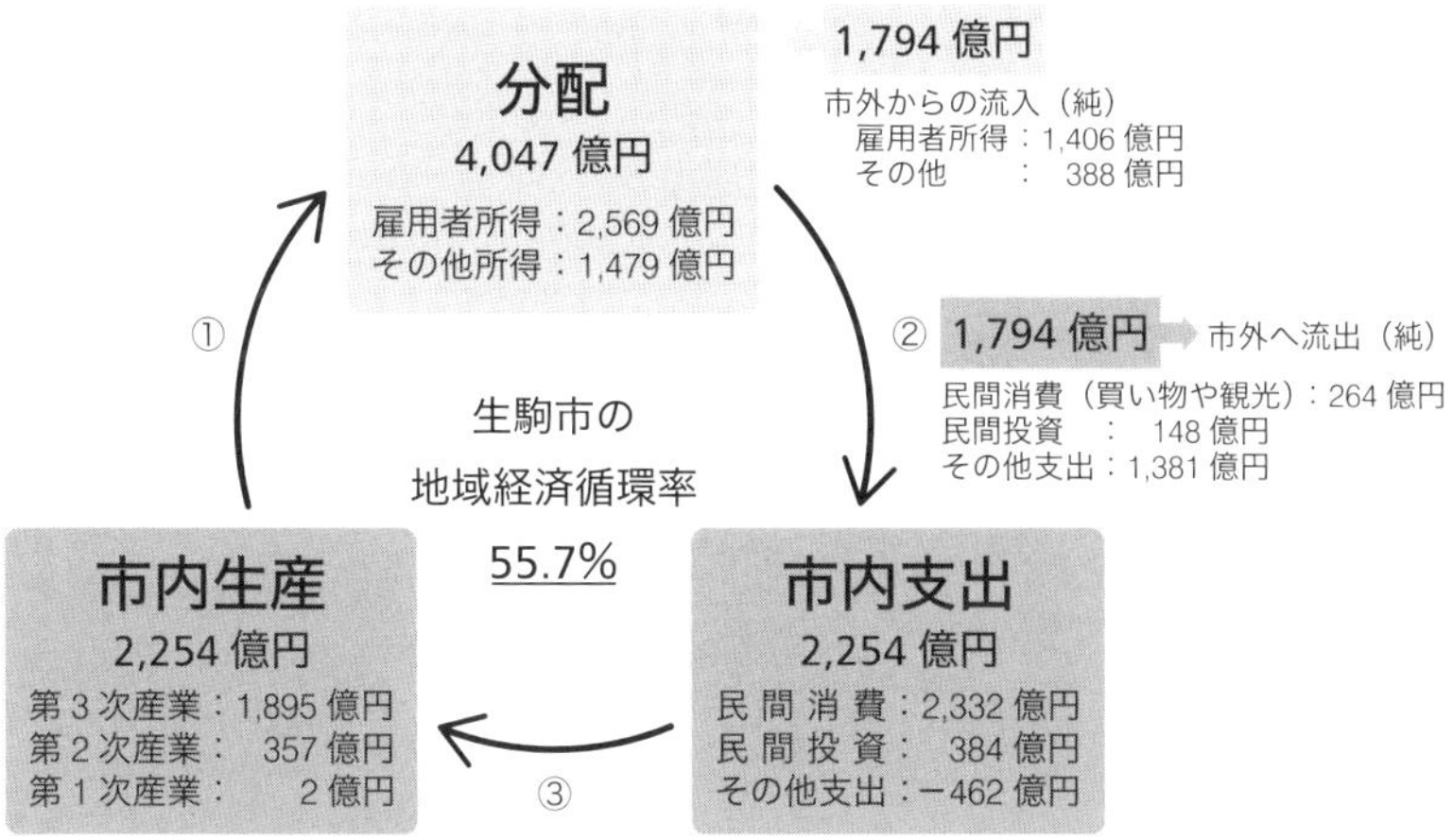

図 3・1　生駒市の地域経済循環（内閣官房地域経済分析システム：2018 年[文5]）

などでの市外勤務で得られる分配を維持するとともに、市外支出を減らして市内支出・市内生産を増やし、地域経済循環率を高めることが必要です。

そのためには、消費者の行動変容につながるよう、地域経済循環率を高めることの重要性やそのために必要な市内支出（地元消費）に向けた啓発、意識醸成を進め、消費行動の受け皿となる事業者による市内生産や消費の場の確保・育成など、市外消費を市内消費に転換する具体的な取り組みを進める必要があります。

また、生駒市における経営環境の現状について、生駒市商工観光ビジョン（2023年12月改訂）では、生産年齢人口の減少による就業人口や消費需要の減少、世帯構成員の縮小などから生じる消費動向の変化や、それに応じたファミリー向けから単身向けへの業態の変更も想定される、としています。

また、本市の就業人口の約半分は大阪で勤務しており、市内就業率は約30・2％と低いこと、また、女性の就業率も39・2％で全国平均（46・5％）や奈良県（42・7％）と比しても低い数値であることが課題です。[文6]

一方で、創業や起業に対する関心も高く、商業エリアである駅周辺などの商業エリアで出店したいとの声もありますが、店舗の賃料などの負担が新規出店者のハードルとなるなど、創業や起業に対する高い関心を活かしきれていない現状があります。

少子高齢化や単身世帯の増加により生じる消費傾向の変化に対応し、また、大阪で通勤して働くこと以外のテレワークや創業・起業、兼業や副業も取り入れた多様な働き方やライフスタイルを市内で具体化することが本市の課題です。

私は、多くの自治体、特に住宅都市が抱える、これらの経済的課題を改善するために「まちのえき」が有効な機会・場になると確信しています。

その具体的な事例の一端をご紹介します。

コロナ禍の影響や高齢化を地元消費につなげる

高齢者層が車や免許証を手放し始めたことは大きな社会課題ですが、見方を変えれば、生活圏が自宅に近い場所になることで地元消費につながるとも考えられます。また、コロナ禍は大きな負の影響を残しましたが、現役世代を含む多くの方が自宅周辺の素敵なお店を知る機会となり、地元消費にプラスに働いたはずです。生駒市ではコロナ禍に「さきめしいこま」という取り組みを全国で初めて活用しました。利用金額に生駒市が30％のプレミアム分を上乗せしたお得な電子チケットを活用して、市内の飲食店を促進させるキャンペーンで、4回の実施で8・8億円の地元消費を生み出したことが高く評価されました。[文7] 現役世代の利用が多く、地元のお店を知っていただく貴重な機会をたくさん生み出したと考えています。

また、コロナ禍は明けても、高齢化は進みます。小さなお子さんのいる世帯も、車でお買い物に出かけるのは容易ではありませんし、テレワークを利用して自宅で働く人もランチを自分で作るか、車で出かけるか、悩みの種だと思います。

以上に述べたような背景を踏まえれば、「まちのえき」で買い物や食事の場所や機会があることは、単に便利なだけでなく、地域との交流も生まれ、そして、自宅周辺で少しずつですがお金が回り始める仕組みにもなっています。

大きなお買い物や記念日の外食などは、市外のショッピングモールや大型スーパー、都心の百貨店や高級レストランに行くのも良いと思いますが、日頃の買い物や食事の場として、月に1、2回でも自宅から歩いて行ける「まちのえき」を利用してくださる方が増えることは、小さな一歩ですが、とても意味のあることだと思うのです。

創業の場・機会を増やす

生駒市は、市の方針として、個人事業主を増やすことを明確に打ち出しています。本市は、電車で20〜30分の大阪圏に通勤する方が圧倒的に多く、市外就業率が全国でもトップクラスですが、今後は、北部の大規模開発地への企業誘致、地元事業者による地元雇用の支援など、地元でも働ける機会を増やしていく予定です。これらに加え、特に力を入れているのが創業支援です。前述したように、本市をはじめ、多くの住宅都市では、女性の就業率が比較的低い傾向にありますが、これは就業意欲が低いわけではなく、むしろ以前はいろんなキャリアを積んでいた女性が、結婚・出産とともに休退職し、子育てが一段落した時に、フルタイムで大都市に通勤することに抵抗を感じ、多様な働き方・暮らし方を望む人が少なくないことも大きな理由です。

また、定年退職された方の中には、まだ働きたい、という意欲を持つ方もおられ、その多くはそれまで働いていた企業などでの再雇用という形を選択されますが、中には、数は少ないですが、地元で民泊などを経営したい、コミュニティビジネスをしたいという方もおられます。

このような背景を踏まえ、生駒市では、多様な働き方の一つとして、地元での創業を全力で支援する取り組みを進めています。ＩＬＢＨ（Ikoma Local Business Hub）と言われるこの取り組みは、座学や実践を通し、情熱を持って生駒でローカルビジネスにチャレンジする人たちをサポートするプロジェクトで、２０２３年度にはなんと１５０名近くの参加者が集まり、創業への想いを持つ市民の多さを改めて認識しました。金融機関やビジネスデザイナーなどの伴走も得て、実際にビジネスを始めた方もおられ、多様な働き方の萌芽が生まれています。

また、ビジネスだけではなく、市内の社団法人、福祉法人、ＮＰＯ法人などの活動も後継者不足の問題に直面しており、ビジネスマインドと社会課題への理解を併せ持った人材がこれらの活動を継承できれば、まちづくりは持続可能に発展していくと期待しています。

これらの動きと「まちのえき」の関係ですが、創業した人の活躍の場として「まちのえき」は大きな意味を持ちます。

例えば、前述した「生駒市移動販売等支援パートナーズ」の中にも、キッチンカー、健康体操指導、保険商品の相談・コーディネート、農家の野菜販売、小物販売、理美容・リラクゼーションなど、個人事業者が複数含まれています[文8]。

創業した時に、実際に商品やサービスを販売する身近な実践の場として「まちのえき」をどんどん活用していただきたいのです。創業者には若い世代が多いので、このようなサービスが「まちのえき」で提供されることにより、高齢者層だけでなく、子育て世代にも魅力的な「まちのえき」が生まれることも期待されます。

既存事業者の新規事業の場

生駒市は、地域経済の発展、商工観光業・農業の発展の基本的な理念として、「エコノミック・ガーデニング（EG）」を標榜しています。EGとは、地域経済を「庭」、地元の企業を「植物」に見立て、地域という土壌を生かして企業家精神あふれる地元の企業を大切に育てる（活躍しやすいビジネス環境を創出する）ことにより地域経済を活性化させる政策のことです。

既存事業者をただ支援するのではなく、第2創業と言われる、新しい事業に挑戦し、地元雇用を生み、地域経済循環に貢献してくれる企業を応援するのです。

例えば、コロナ禍で大きなダメージを受けた事業者の中には、ランチ弁当の移動販売に挑戦した飲食店や、サービス内容や社内オペレーションの抜本的なデジタル化を進めた事業者もおられ、生駒市も補助金などで支援してきました。また、前述のＩＬＢＨは地元事業者の新規事業創出も対象にしたところ、多くの事業者が参加してくれました。

このような挑戦を続ける事業者にとって、「まちのえき」という人が集まる場所はとても魅力的です。新しい挑戦であるランチ弁当の販売を「まちのえき」で行えば、お昼ご飯を自分で作るのが大変な高齢者層や子育て層に喜んでもらえます。また、スマートフォンの販売店なども、従来の店舗販売だけでなく、新しい挑戦として、スマホ教室と一体化した出張販売などを「まちのえき」で行えば、高齢者層を中心に販売促進効果が期待できます。「まちのえき」などに来ていただければ、モニターとして現場の声をたくさん拾うことも可能です。

また、スーパーなどの移動販売車も、運転手の雇用が難しい場合など、1軒ずつ回るのが大変な時には、「まちのえき」単位で移動販売していただくことも効果的かもしれません。

地元消費と地元事業者の発展の両輪が揃って初めて、地域経済は大きく循環していきます。EGの理念に基づき、「まちのえき」などの場も活用して地元事業者を支援していくことが重要です。

大企業の販売戦略の試行の場

病院、公共交通、学校など、一昔前ならあって当たり前と思われていた社会インフラ、公共インフラが、少子高齢化、人口減少の大きな変化の中で揺れています。過疎地域だけの問題と思われていたこれらの課題は、もはや大都市圏以外ではどこでもありうる課題として捉えなければならない時代です。地方都市の駅前デパートの閉店も全国的に相次いでおり、地方の一等地に大きな店舗を構えていればお客さんがやってくるという常識はもはや幻想です。人口減少に加え、最寄り駅まで行くのも難しい世代が増えていく今後、駅前の店舗に客を集めるモデルは通用しなくなるからです。

そこで、いくつかの事業者は駅前などの基幹店を運営しつつ、「まちのえき」などの小規模な拠点を巡回する移動販売の可能性を探り始めています。現時点の「まちのえき」だけの売り上げでは十分な収益は上がらないでしょうが、高齢化が急激に進む中で、個別世帯への訪問販売や地域拠点への移動販売の可能性は模索すべき検討課題になっています。

本市の「まちのえき」では、株式会社赤ちゃん本舗、花王グループカスタマーマーケティング株式会社、阪急百貨店などが、移動販売を実施してくださっていますが、自治会という現場のコミュニティと大企業がつながる「まちのえき」の可能性はまだまだ広がると考えています。

「まちのえき」は、将来の社会変動を見越しながら、より多様な働き方、売り方、買い方などを通じて、地域から日本の経済活性化につながっていく未来への扉でもあるのです。

3-4　脱炭素や循環型社会形成

「まちのえき」が持つ効果として忘れてはいけないのが、脱炭素・循環型社会の形成です。

生駒市は、政府から「環境モデル都市」「ＳＤＧｓ未来都市」「脱炭素先行地域」の認定を受けています。これらの認定をいただけたのは、「まちのえき」や市民・事業者との連携を軸に据え、地域の活性化と脱炭素・循環型社会の形成を連動させ、具体的に取り組みを進めているからなのです。

日常化する異常気象

気候変動への世界的な警鐘が強まっています。2023年3月20日、IPCC（気候変動に関する政府間パネル）は、最新の統合報告書の中で、「今後のさらなる気温上昇に伴って、温暖化による取り返しのつかない損失や損害が増加し、人々や自然がもはや適応の限界に達するであろう」「気候変動の被害を受けやすい地域を中心に、洪水や干ばつ、嵐による死亡が急増する」と述べています。

実際に、日本でも、強い勢力のまま台風が上陸するケースが増えており、線状降水帯の発生も増加する中、本市でも災害対策本部を設置したり、避難指示を出したりする回数が増加しています。市内での倒木も増え、車の損壊事案なども複数発生しています。

気象庁のデータによると、1日平均気温の月間平均（8月：奈良県奈良市）は、1993年が24・6度だったのに対し、2023年は28・9度となっており、30年間で4度以上の上昇が見られます。年度ごとの変動はもちろんありますが、全体として気温の上昇が進んでいることは明らかです。奈良県の熱中症による健康被害は、2021年度に約600人、2022年度に約1千人となるなど、大きな社会課題になっています。日本も温帯から熱帯に近づいていると言えそうです。

それでも低い環境への意識、足りない行動

このように気候変動の影響が大きく生じている中、気候変動自体を懐疑的に見る人や、気候変動

への対応が不要という人は少なくなりました。しかし、気候変動問題を重要と考え、さらには対応するための行動を起こしている人はまだまだ少数です。生駒市は環境意識の高い人が多いまちですが、２０２３年度の調査結果によると、「市で取り組むべき重要な施策分野」との設問において、低炭素・循環型社会は24位と大変低い結果になりました。反対する人は少ない一方で、気候変動を重要と考え、行動に移す人も少ないわけです。

また、本市では、ごみの排出量は減少傾向ですが、リサイクル率は20％で横ばいとなっており、資源循環に対する意識は高まっていても行動がまだまだ不十分とも言えます。

環境を目的にしてもうまくいかない

したがって、生駒市では、環境問題に単に真正面から取り組むだけではうまくいかない、と考えました。市民が強く課題と感じていることや楽しいと感じるまちづくりを進めた結果として環境も良くなるような仕掛けや工夫をしよう、とアプローチを変えました。政府は「環境に取り組めば街は活性化する」というアプローチを取っており、これはある意味で正しいのですが、環境問題への関心や行動が不十分な現在では、市民や事業者が必要とするまちづくりを進めながら、環境保全が「結果として後からついてくる」方法を同時に考えないといけないはずです。

「まちのえき」に取り組めば、環境は良くなる！

「まちのえき」には、直接環境保全に取り組むための機能として、リサイクルステーションを設置する自治会が3か所あります（常設型が1か所、週1回程度の設置が2か所）。また、フリーマーケットを定期的に開催する自治会が2か所、リユース棚やスペースを常時設置している自治会が2か所ありま す。このほか、市内二つの「まちのえき」で洗濯物や食器の洗剤などを量り売りし、楽しみながら廃棄物の削減を進めています。

このように、直接的に環境保全に取り組む機能に加え、「まちのえき」は脱炭素・循環型社会を自然に実現できる仕掛けがいっぱいあります。

例えば、通常なら1世帯ごとに車でスーパーまで買い物に出かけますが、「まちのえき」の移動販売なら徒歩で行けるので二酸化炭素の排出は出向いてくれた移動販売車の1台分のみです。野菜の青空市は地元産の野菜なので、生産地から販売地までの輸送にかかる二酸化炭素も極めて少なく、脱炭素に貢献しています。

「まちの図書館」「まちの自習室」などの取り組みも、それぞれの家でエアコンを使うのではなく、自治会館でみんな一緒にエアコンの効いた部屋で勉強したり、本を読んだりできるので、二酸化炭素は減ります。政府も「クールスポット」と呼んでこのような集まりの場所を推奨していますが、環境に良いという理由だけでは人は自治会館に集まりません。楽しい便利な機会や場を自治会館に用意しておくから人が集まり、結果として脱炭素にもつながるのです。

また、「まちの図書館」「まちのリサイクルステーション」などは、家で不要な本や食器等を持ち寄り有効活用するので、循環型社会そのもの。家から余ったお菓子や野菜を持ち寄って「まちのサロン」「まちの食堂・喫茶店」で活用すれば、楽しいですし、フードロス減少にも効果的です。

「まちの避難所」では、自治会館に太陽光パネルを設置したり、電気自動車を購入して、安全パトロールや助け合い輸送を行います。災害時には電気自動車から自治会館に電気をつなげて活用しますが、平時は二酸化炭素の排出が少ない車として、脱炭素に貢献しています。

地産地消型のコミュニティである「まちのえき」の活動は、脱炭素の基本形。地域を楽しめば、住民の満足度向上、経済発展はもちろん、結果として脱炭素にもつながるのです。

3－5 「自治体3・0」のまちづくり

生駒市は、市民・事業者と行政がともに汗をかいて進める「自治体3・0」というまちづくりを進めてきました。市民一人一人が主権者としての責務を自覚し、まちづくりの担い手として役割を持って行動することにより、より豊かで幸せな暮らしを実現できるという考え方です。

「まちのえき」は、地域住民一人一人に役割があり、楽しく便利で豊かに暮らせる、「自治体3・0」の根幹をなす事業です（拙著『「生駒市発！「自治体3・0」のまちづくり』[文9]参照）。

生駒市のまちづくりのビジョン

生駒市のまちづくりのビジョンは「自分らしく輝けるステージ・生駒」。主役である市民が、「生駒」というステージで仲間を得て、「こんな毎日を過ごしたい」「こんなことをやりたい」という夢や想いを叶え、輝く人生を送れるよう、主体的に行動し、それを行政を含むまち全体が応援しあう、そんなまちづくりを進めています。「自治体3・0」の考え方（表3・1）が、生駒市のまちづくりのビジョンの土台になっています。

「自治体1・0」と「自治体2・0」、その問題点

「自治体1・0」とは、人口減少や少子高齢化などの社会の大きな変化に直面してもなお「もうしばらくは何とかなる」「最後は国や県が何とかしてくれる」「仕方ない」という自治体であり、地方創生からはほど遠い、いわゆる「お役所仕事」「ゆでガエル」の典型です。

「自治体2・0」は、「市民はお客様」という民間企業的な意識を持ち、スピード感やコストを大切にしながら、財政再建・行政改革などに取り組む自治体です。自治体間競争に勝ち抜くための差別

表3・1　自治体1.0、2.0、3.0の比較

	自治体1.0	自治体2.0	自治体3.0
コンセプト	・人口減少や少子高齢化は仕方ない ・国や県の支援を期待	・市外から人を呼び込む ・市民に満足してもらい、つなぎとめる	・今住んでいる人にとってより良い、楽しい場所にする（人口増加は2次的な効果）
市民との関係	・市民サービス向上の意識が薄い ・取り組みが不十分	・市民＝お客様（市民ニーズに行政が応えることが大切）	・市民に汗をかいてもらう ・協働・協創 ・みんなの課題はみんなで解決
基本的な行動様式	前例踏襲 現状維持	・他の自治体との競争 ・差別化・優位性の確保	・主体的な価値の創出を通じた住民満足度・定住意向率上昇

化や比較優位を形成し、首長のトップダウンの下、市民ニーズを反映したまちづくりを実現しており、評価すべき点もあります。

しかし、職員数が減り、予算・人員が厳しさを増す中で、多様化・専門化する市民ニーズのすべてに行政だけで対応することは不可能です。また、「自治体2・0」では、首長や行政が何とかしてくれるという「お上に頼る」市民意識を助長してしまうことも課題です。できるだけ多くの市民にまちづくりの中で役割を持っていただき、「自分たちでやったほうが楽しい」ということに気づく機会を行政が奪ってはいけません。

スピード感を持ってまちづくりを進めたり、行政にしかできない課題に対応するという意味では、自治体2・0は有効です。しかし、自治体2・0の発想だけですべての行政課題に対応することはできませんし、効果的かつ持続可能なまちづくりは不可能です。

「自治体3・0」と「まちのえき」

このような自治体2・0の限界を突破するために必要なのが「自治体3・0」です。

自治体3・0の基本的な考え方は「市民自身が、自分の住みたい、暮らしたいまちや地域を自ら創ろうと行動し、行政や周りの市民、団体、事業者がそれを応援しあう」ことです。そのためには、市民はまず、自分が暮らす街に興味・関心を持ち、いろんなことを知り、自分がまちでやりたいことを考えなければなりません。

「まちのえき」という場所は、第2章でも述べたように、参加する一人一人の住民にも寄付やお手伝いなどいろんな役割・貢献をお願いしますし、自分の特技ややりたいことを表明してその具体化について考えてもらったりもします。いろんな立場の人、困りごとがある人を助けつつも、逆に何かやってもらうこと、果たしてもらう役割はないか、を同時に考えます。

単に行政がまちづくりをやるのではなく、自分が暮らしたいまちや地域を自分で創る、みんなが役割を持って地域に関わる「まちのえき」は、「自治体3・0」の精神を具体化した場なのです。

3－6　ワーク・ライフ・コミュニティをブレンドする

ビジョンを具体化するまちづくりの基本方針として、「自治体３・０」と並んで、本市が掲げているのが「ワーク・ライフ・コミュニティのブレンド（ＷＬＣＢ、Work, Life, Community Blend）」です。仕事中心の「ベッドタウン」、仕事と家庭のバランスを取る「ワーク・ライフ・バランス」と来て、これからの住宅都市のあるべき姿がＷＬＣＢと考えています。「まちのえき」には、ＷＬＣＢを具体化できる要素がたくさん詰まっているのです（「ＷＬＣＢ」の詳細は、前掲拙著[文9]参照）。

ワーク・ライフ・バランスからの卒業！

高度成長時代、「ベッドタウン」という言葉は、閑静な住宅街、自然も豊かで治安もよく、子育て・福祉の取り組みが充実しており、利便性も高い、という良いイメージで受け止められていました。しかし、ベッドタウンを直訳すれば、仕事一筋のサラリーマンが夜と週末を過ごすだけの、まさに「寝るために帰るまち」。現在の価値基準で考えれば、あまり良いイメージではありません。

そこで、生駒市では、保育園や病児保育施設の整備、預かり事業の推進や父親の育児に対する啓発と実践など、ワーク・ライフ・バランスを実現できるまちづくりを進めてきました。

しかし、私はワーク・ライフ・バランスの考え方ですら、もう古いと思っています。その理由は、毎日の生活や人生の中で、ワーク（仕事）とライフ（家庭）だけでなく、「地域（コミュニティ）」の要素を意識して行動すれば、より豊かで楽しい暮らしができると考えているからです。

コロナ禍で今一度見つめ直すこととなった「地域」には、素敵な人、場所、モノがたくさんあります。平均寿命が延び、退職後の長い時間を過ごす「地域」という要素を取り込めば、人生や毎日の生活はさらに豊かで多様なものとなります。

また、ワーク・ライフと地域をうまく組み合わせる（ブレンドする）ことによって、地域のみんなで子育て・介護したり、地域で多様な働き方が生まれたりします。ワークとライフとコミュニティが、「バランスという対立構造」ではなく、「ブレンドという相乗作用」を生むまちづくりを進めていくことが重要です。

人生百年時代、コロナ禍を経験した今こそ、ＷＬＣＢのまちづくりがますます重要となっているのです。

ＷＬＣＢを具体化する場としての「まちのえき」

「まちのえき」の意義・効果について、ＷＬＣＢの視点から考えます。

「まちのえき」は、コミュニティ機能が多様に集積する場としても大きな意味を持ちますが、その

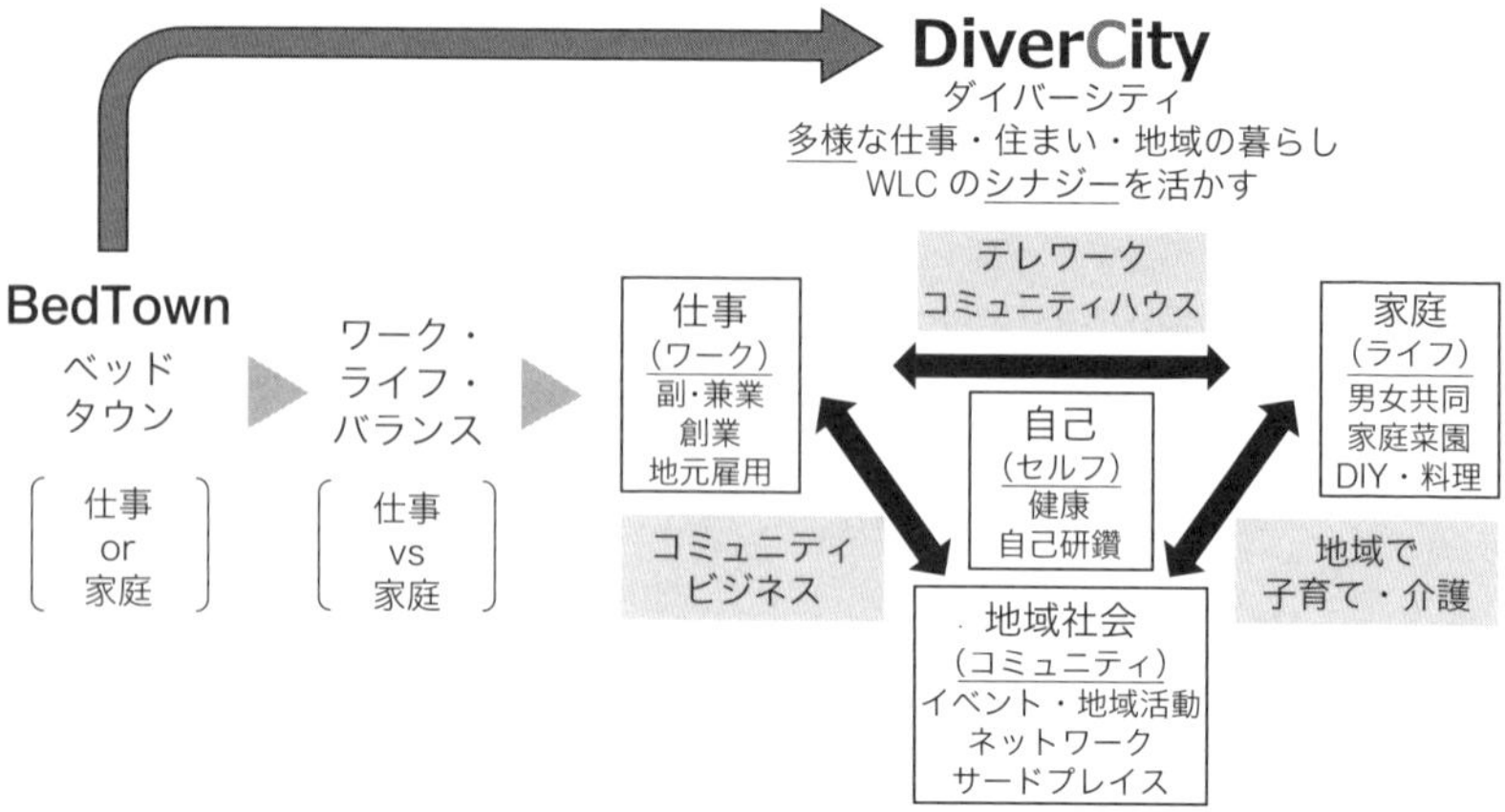

図3·2　ワーク・ライフ・コミュニティのブレンド

場所があることにより、ワークとコミュニティ、ライフとコミュニティがシナジー効果を持つことが特徴です（図3・2）。

ワークとコミュニティとの関係で言えば、前述したキッチンカーのように、住民の利便性の向上であると同時に、創業支援の場となっていることが「まちのえき」の大きな意義です。

ライフとコミュニティとの関係で言えば、「まちのえき」にある子どもの遊び場や読み聞かせなどは、地域で子育てをする場、という意味で両者の融合と言えます。子育てだけでなく、介護中の方が要介護者を「まちのえき」に連れてきたり、介護者同士で悩みを相談しあうなど、介護も地域力で応援できます。

ワークとライフの関係で言えば、コロナ禍によって増加したテレワークにより自宅で働く人が「まちのえき」にランチに来たり、「まちのえき」で仕事をしたりする例が挙げられます。

「まちのえき」の持つ多様な機能のおかげで、私たちは、地域に根差して働き、住まい、暮らすという新しいライフスタイルを手に入れ、より豊かな令和時代の住宅都市を構築することができるのです。

3-7 「地域共生社会」の理想形

「地域共生社会」の考え方が改めて脚光を浴びています。

「地域共生社会」とは制度・分野ごとの「縦割り」や「支え手」「受け手」という関係を超えて、地域住民や地域の多様な主体が参画し、人と人、人と資源が世代や分野を超えてつながることで、住民一人一人の暮らしと生きがい、地域をともに創っていく社会、と政府が定義しています。

生駒市は、2024年10月に地域共生社会推進全国サミットを開催しますが、これは、本市のまちづくりが、「地域共生社会」の理念と合致したからであり、「まちのえき」でその理念が理想的な形で具現化しつつあるからです。

「誰一人取り残さない」ためには、「誰一人お客様にしない」ことが必要

ＳＤＧｓが社会的に認知されるに従い、その理念とも言える「誰一人取り残さない」というフレーズが広まり、いろんなところで目にするようになってきました。

しかし、「誰一人取り残さない」ためには、「誰一人お客様にしない」ことが必要であることをどれだけの人が理解しているでしょうか。行政だけが頑張ってもすべての人を助けることは不可能ですから、行政に加えて市民、事業者などの力も合わせなければなりません。すべての人の中に、「支える」「支えられる」が同居していることも理解し、自分ができることを見つけ、できる時にできることをやり、必要な時に人に頼ることが必要です。「１００％のお客様」を安易に作ってしまうと、担い手が不足し、必要な人に支援が届きません。全員の悩みや想いを全員で解決し、叶える、「お互い様」の関係性が重要であり、これが「地域共生社会」の核となる考え方です。

また、子ども食堂を運営する際、無料でご飯を食べられることに対する後ろめたさを持つ子どもが少なからず存在します。「地域共生社会」の子ども食堂では、子どもたちも一緒に調理し、配膳・受付などのお手伝いもしてもらいます。こうすることにより、子どもたちは胸を張って無料でご飯を食べることができるわけです。このほか、「まちのえき」にはシニアの男性に対し、本棚づくり、野菜の育て方、おもちゃや家電の修理など、活躍の場がたくさんあります。特にシニアの男性は支えられるだけの場所を却って居心地が悪いと感じる方が多いので、小さいことでも何か役割を担っ

ていただくことが効果的なケースが多いのです。

これもよく誤解されますが、「地域共生」＝「福祉」ではありません。もちろん福祉の要素は大きいのですが、それだけでなく、いろんな要素が包含されています。

そもそも、福祉の問題は福祉だけでは解決できません。「包括的ケア」という言葉にもあるように、福祉の課題を解決するには、医療・介護に加え、商工業、都市計画、交通、住まい、食・農など、複合的な視点が不可欠です。

「地域共生」＝「福祉」ではない

楽しくて便利な、人が集まる場所をまずつくれば、結果として、福祉にも環境にも地域振興にもプラスの効果が生まれてきます。これこそが「地域共生社会」の一つのポイントなのです。

前述した、子ども食堂のケースでも、「おなかのすいた子は食べにおいで」という「福祉」的な声掛けをされると、「ここに来たら『何か問題があって、おなかをすかしている子ども』と思われる」と感じ、来るのをやめてしまうケースもあります。

問題を抱える子も、そうでない子も「ごちゃまぜ」にし、自然な形でまとめて支援することによって、本当に救いたい子どもも救うことができるのです。

生駒市には、２０２２年のグッドデザイン大賞を受賞した「まほうのだがしやチロル堂」という素敵な場所があります。大人がランチや居酒屋を利用した料金の一部が子どもの支援に自動的に活用されることで、子どもは100円でカレーを食べたり、駄菓子をたくさん買ったりできる仕組みです。5千を超えるエントリーの中からチロル堂が大賞を取った最大の理由の一つは、問題を抱えて困っている子どもも、そうでない子どももまとめて、自然な形で支援している仕組み・場づくりだと考えています。「困っている子は助けてあげるからおいで」というアプローチでなく、いろんな子どもがたくさん集まる毎日の中で、結果として家庭などに問題を抱える子どもにも、さらりと支援の手を差し伸べています。

チロル堂でよく聞くフレーズですが、「福祉の事業は福祉色を薄めて行う」ことが基本なのです。

「まちのえき」は地域共生社会の推進にとってどういう意味を持つか？

生駒市が取り組む「まちのえき」はまさに「地域共生社会」の理念を具体化した場になりつつあります。

きっかけは高齢者の移動支援の声の高まりでしたが、取り組みの内容は、高齢者だけでなく、子どもや障がい者、現役世代のニーズに応えるものであり、事業者、市民団体などを巻き込んで多様な人が集まります。

「まちのえき」に集う一人一人には、それぞれの思いや特技に応じた「役割」があります。認知症の人も自分の体験を当事者として語ってもらったり、子どもたちにも高齢者層の支援やデジタル化の先生をしてもらったり、高齢者層にも戦争の体験談の話や各種のご寄付をいただいたりすることによって、「社会的弱者」という概念をできるだけなくすことが、これからの地域・社会では重要になっていくのです。

まちや地域の課題が多様化・複雑化する中、「福祉」「環境」「防災」などという一つ一つの分野だけでアプローチする手法は効果があまり期待できません。行政だけが取り組んでいても効果は十分ではありません。地域住民が負担を分散し、役割を持ちながら、自分がやりたいことに取り組むことが最も大切なことです。その結果として、困りごとをきめ細やかに解決し、地域の魅力を創造できれば「まちのえき」は単なる「福祉」ではなく、地域活性化へとつながり、真の「地域共生社会」を形にできる場となるはずです。

3-8 「まちのえき」で見つけた素敵なエピソード

「まちのえき」が本市で始まって4年。

定量的なデータだけでは見えてこない素敵なエピソード、心温まる交流・出来事がたくさんありました。そのうちの四つをここで紹介します。

「まちのえき」に来ると若返る？

ある「まちのえき」の近くに、高齢女性が住んでおられました。認知機能の衰えが認められ、服装や身だしなみなどもあまり気になさらなくなっていたようです。近所の方とのコミュニケーションも少なくなっていました。

そんな彼女がふらりと「まちのえき」に来られました。カフェでお茶などを勧められ、いすに座って飲んでいると、カフェを手伝っていた近所の子どもたちがやってきて、「こんにちは」「どこに住んでるん？」「お茶お替りする？」などと声をかけました。

それ以来、彼女は時々「まちのえき」に来るようになるのですが、皆が驚いたのが彼女の変化です。髪型や服装が整えられ、お化粧もして来られるようになりました。表情も少しずつ変化し、笑顔が出てきたり、少しずつですが会話も生まれてきました。

一人一人のご性格によっても違いますが、内閣府の『平成30年版高齢社会白書』[文10]にも記載があるように、やはり、地域に出かけて人と会い、お話をすることは元気で楽しい毎日に不可欠な要素です。

子ども企画が目白押し

「まちのえき」はみんなが安心して楽しめる場所です。

同時に、参加者全員が、楽しみながら自然と役割を持つという雰囲気や機会が生まれれば、さらに一歩進んだ最高の「まちのえき」になります。

ある「まちのえき」は、数ある「まちのえき」でも一番開催頻度が高く、毎週月曜日のお休み以外は毎日、自治会館で開催されています。

そんなある日、子どもたちが自治会長に言ったそうです。「僕ら、自治会館に来るのが好きやから毎日開けてほしい。月曜日開けるのが難しいんやったら、自分らが受付やるから」。

そして、会館受付業務を子どもたちだけで対応するシフト表を作ってきたのだとか。

この「まちのえき」では、受付シフト表だけでなく、「まちのえき」の看板も子どもたちが中心となって作成しました。地域の人が集まる場所で自分たちが役に立っている経

子どもたちが自主制作した看板

験は、子どもたちの成長にとってかけがえのない宝物になったはずです。

スーパーより遠いのに野菜を買いに来られる奥様

ある自治会の「まちのえき」で野菜販売をしていると聞いて、私も見に行きました。

実は、この「まちのえき」は、近くにスーパーがある地域だったので、「それほど売れないのではないか」と心配していたのです。

しかし、お邪魔してみると、予想に反して野菜販売は大盛況でした。

その理由を知りたくて、買い物に来ていたご婦人にお話を聞くと「ここはスーパーも近いし、そちらで野菜もいろいろ売っている。でも、私は「まちのえき」で野菜を買うようにしてるの。こちらのほうが安いし、何よりとてもおいしい。農家の方とお話しできるのもうれしい」。

そう言って、キャリーバックを転がしながらゆっくりと帰っていくお姿を見て、「まちのえき」や地元農家の野菜販売が持つ大きな魅力を再認識したのです。

「まちのえき」の力になりたいと答えた人の割合

本市で最初の「まちのえき」の実証事業を行った際のエピソードです。

実証事業の最後に自治会で採ったアンケートがどのような結果になるか、実はかなり不安でした。

なぜなら、「まちのえき」の事業は立ち上げ時に行政から各種の支援はありますが、基本的には自治会が主体となって運営する事業です。地域の負担も決して小さくありません。実証事業期間中の地域住民の反応は悪くありませんでしたが、今後も継続していくことに皆さん賛同してくれるのか、心配していたのです。

しかし、アンケートの結果を聞いて、私は本当に感動しました。「今後、このような事業を継続していく場合、あなたは何らかの貢献をしたいと思いますか?」という質問に対し、なんと6割の方が「自分も貢献したい」と回答したのです。

単に「取り組みを続けてほしい」という声でなく、「地域に貢献し、役割を果たしたい」人が6割もいたことが、行政としても「まちのえき」事業をしっかりと継続・発展させなければならないとの覚悟を決めた大きな要因になりました。地域住民とともに汗をかいて進めるまちづくり、拠点づくり。本市のまちづくりの原点が「まちのえき」にはあるのです。

第4章

「まちのえき」の立ち上げ方

4－1 「まちのえき」への賛同・協力を集めよう！

前章まで、「まちのえき」の取り組みについて述べてきました。

「『まちのえき』っておもしろそうだな」「うちの自治会でもやってみたいな」というご感想を持ってくださった方もおられるかもしれません。

そこで、第4章では、実際に「まちのえき」を立ち上げ、軌道に乗せるために必要な手順や工夫について、自治会の立場に立って、時系列かつ具体的に説明します。

最初に、地域での「まちのえき」実施に当たり、中心メンバーを固め、地域住民の賛同・協力を得るまでのプロセスについて紹介します。

「言い出しっぺ」になる人を見つける・支える

最初に必要なのは、「言い出しっぺ（発起人）」になる人です。

自治会長が発起人になるケースが多いですが、他の方でももちろんかまいません。ただ、自治会館を拠点に活動するのであれば、早めに自治会長を仲間にしておいたほうがスムーズなのは間違いありません。自治会長にまったく理解がない場合は、自治会長の交代を待つか、学校、神社・お寺、大きなお家・空き家、喫茶店、地域のお店など、違う場所での開催も検討してください。

行政サイドも、「まちのえき」に関心を持ち、行動をしてくださる自治会長など、発起人を探し、全力で支援しなければなりません。「まちのえき」の意義や立ち上げ方、負担を減らす工夫、行政による具体的な支援メニュー、地域住民の皆様の理解と協力を得る方法など、具体的なお話や助言を自治会関係者に伝えながら、発起人になってくれる人を増やしていきましょう。

コアメンバーを3人固めよう

発起人が「こんなことやりたいと思うんだけど……」と披露する最初の場所が、いきなり自治会総会など、多くの方が集まる場になると、「なんだかよくわからない」「また負担が増えるのか」などという理由で反対意見が出て、調整が難しくなるケースがあります。

そこで、最初は「まちのえき」のアイディアや想いに強く共感してくれそうな方を2名ほど選び、発起人の想いややりたいことを説明し、意見交換しながら、想いとアイディアを可能な限り共有できるコアメンバーを固めることが不可欠です。

行政も、コアメンバーに対して、発起人にするのと同じように制度の説明をしたり、先行する地域の事例を紹介したり、コアメンバー間での意見交換に参加するなどの支援をします。

コアメンバー3人が「こんなことやりたいな」という想いとアイディアを共有できれば、第一段階としては大きな成果です。この3人をベースに協力者やすそ野を広げていくのです。

役員の賛同を得る

次に必要なのは、自治会役員など、コアメンバーの一つ外にいるメンバーの賛同を得ることです。役員の賛同を得られれば、地域住民のワークショップや総会が円滑に進む可能性が高まりますし、「まちのえき」開始後の運営面での協力も得られやすくなります。会長の交代があった時も後任の会長や副会長になる可能性が高いので、役員の賛同は、活動の継続性の観点からも大きな意味があります。

ただし、役員の中には、負担が増えることに消極的な人がいる可能性があります。実際に本市でも自治会長が「まちのえき」に前向きに動き始めたものの、複数の役員が反対の意向を示し、頓挫するケースがありました。したがって、役員の反応が消極的な場合は無理に役員へと輪を広げず、後述する住民ワークショップやアンケートを先行させたり、いきなり「まちのえき」ではなく、「まちのえき」でやろうとしている事業の一部を試行的に実施してみたりすることも選択肢です。小さな成功事例を積み上げて、少しずつ「まちのえき」への機運を高めていくわけです。

地域アンケートは宝の山

地域住民に対するアンケートもこのあたりのタイミングで実施すると効果的です。ただし、四つの大切なポイントがあります。

第一に、いきなり「『まちのえき』を作ります。是か非か?」という設問ではうまくいきません。よくわからないことに対しては多くの人がネガティブな反応を示すからです。いきなり「まちのえき」という概念を出してしまうと、いくら丁寧な内容説明をしてもなかなか理解は得にくいので、地域の課題、課題に対する提案や行政への要望などを聞くところから始めてください。

第二に、課題と要望を聞くだけでなく、地域の魅力や強み、行政や自治会への要望や批判だけでなく、提案やアイディアを求める内容にすることです。課題や要望は回答しやすく、議論のきっかけづくりとしては最適ですが、それだけで終わると自治会や行政がやらなければならない仕事が増えるだけです。したがって、課題や要望をもう一歩踏み込んで考えてもらい、課題を解決するために何をすればいいか、どんなアイディアがあるか、という提案を引き出す設問を設けます。

第三に、提案やアイディアについて、行政だけでなく、地域や住民で対応できることがないかを考えてもらう設問が重要です。提案された内容には、行政でないと対応できないものもあれば、地域でやれること、やったほうがうまくいきそうなことも含まれているはずです。「○○は行政にお願いしたいけど、△△は自治会でやれそうだな」という議論にしていただきたいのです。

表 4・1 「まちのえき」準備のための住民アンケートの例

①年代、性別、地域で暮らし始めてからの年数、世帯構成などの基礎情報

②まちづくりの分野ごと（医療、子育て・教育、環境、スポーツ、文化、防災など 15 ～ 20 程度）の優先順位と現在の満足度
　→　地域住民にとって重要だが対応が不十分な分野を洗い出し

③具体的な不安や課題・困りごと、それに対する改善提案やアイディア

④地域の強み、具体的な良さ、地域の面白い場所・すごい人

⑤あったら良いと思うイベント、あなたが地域でやってみたいこと（先進事例などからいくつかの事例を表にして、三つ程度選択してもらう形でも可だが、自由記載欄も設ける）

⑥あなたの特技や好きなこと、こんなことなら協力できるという事柄

その際に重要になるのは、アンケートで「あなたの特技や、こんなことならお手伝いできますということは何ですか？」という問いを入れておくことです。例えば、「看護師なので健康づくりでの協力が可能」「簡単な電気工事など家の中のメンテナンスは得意なので一人暮らしの方を支援できる」「パソコンに詳しい」「元教員なので教えるのが好き」「ヨガのインストラクターや運動指導員」「花や野菜を育てるのが上手」「料理が得意」「カメラや動画の撮影・編集ができる」「車を出してみんなでお出かけするお手伝いできます」など、多才な人が地域にはたくさんいます。このような人の力を借りて、地域の課題解決や楽しいイベントづくりなどについて、みんなで議論すると盛り上がりますし、自分たちの地域を自分たちで楽しくしようという主体性につながります。また、次に述べるワークショップの深みも増し、具体的な地域での取り組みやそ

の担当者がスムーズに決まっていくのです。

第四に、課題解決だけでなく、「魅力やワクワクを創り出す」ということを常に意識することです。課題解決だけになるとどうしても後ろ向きだったり、頑張っても「マイナスをゼロにする」だけ、という気持ちになりがちです。そこで、アンケートの設問には、必ず、「地域の魅力や強み」や「地域でやってみたい取り組みやイベントは何ですか？」などを聞いて、今以上に地域が良くなる、ワクワクすることができる、というプラスの印象をアンケートに入れていくことが効果的です。

以上を踏まえた実際のアンケートイメージは表4・1のとおりです。

このようなアンケートをなるべくたくさんの人から回収できれば、「まちのえき」を始める機運の醸成、開始後の円滑な運営に大いに役立ちます。

また、アンケートだけでなく、百歳体操やサロンなどでざっくばらんに困りごとやりたいことなどを日頃から話しておくと、アンケートを行う際にスムーズに進めることもできます。

4－2　「まちのえき」ワークショップの進め方

アンケートが終われば、いよいよ地域でのワークショップです。

表4・2　ワークショップの目的とタイプ

・行政から市民に対する説明や情報提供
・参加者のネットワークづくり
・まちづくりの課題や不満・要望を出しあう場
・課題に対する解決手段や取り組みを考える機会
・解決手段や取り組みの実現に向けた体制づくり、人材発掘
・解決手段や取り組みを具体化するグループワーク　　　　など

アンケート内容を活用しながら、「まちのえき」についての説明・理解、地域課題ややりたいことの掘り起こし、そして何よりも地域住民一人一人の主体性を引き出し、地域のリーダーをスカウトすることがワークショップの最大の目的です。

「まちのえき」立ち上げにはどんなワークショップが必要なのか

まず、ワークショップと一口に言っても、その目的に応じて、いくつかのタイプに分かれます（表4・2、詳しくは、拙著[文1]参照）。目的に応じて、そのスタイル、回数、周知の仕方、開催場所、日時、オンラインの有無などいろんなワークショップの設定が可能ですし、使い分けなければなりません。

「まちのえき」ワークショップは、「まちのえき」の事業を具体化するのが目的なので、単なる意見交換や情報共有だけではなく、取り組み内容や、そのための体制づくりまで整理することが獲得目標です。

したがって、「まちのえき」ワークショップは1回では無理で、少なくとも3回は集まって議論する必要があります。1回だけだと、自己紹介、

行政に対する意見や不満・要望を出しあうだけで時間オーバーになりますが、3回できれば、課題に対する解決策ややりたいイベントの具体化に向けた議論ができます。何より、解決策や事業を具体化する中で、行政だけに頼るのではなく、まちづくりを自分事として捉えてくださる方が増え、地域の持続可能なまちづくりの力になっていきます。ワークショップは、地域人材を見出し、具体的なアクションを実現するための最高のチャンスです。大変ですが3回以上のワークショップを行ってください。

その3回のワークショップのイメージはおおむね表4・3のような感じです。

地域のことを真面目に楽しく語れる場の大切さ

ワークショップの目的は多様であると前述しましたが、私が考えるワークショップの最大の目的は、「地域住民同士がお互いをよく知ることができること」と「地域活動にともに取り組める仲間を見つけるスカウティングの場であること」です。

地域でいつも顔を合わせている人でも、その人の地域に対する想いや課題に感じていることを話しあう機会はあまりありません。また、ご近所さんが持っている特技なども意外に知らないもので、自治会の文化祭などがあって初めて「○○さんってとても絵がお上手なんですね」だったり、防災訓練があって初めて「△△さん、防災士の資格お持ちなんですね」だったり、というケースがよく

表4・3の続き

3 3回目

- グループごとに、やりたいことのアイディアや課題解決の取り組みの内容を具体化（2回目の続き）
  - ・やりたいことのアイディアや課題解決の取り組みについて、開始時期、実行体制、役割分担などかなり具体的に整理し、事業計画に書けるレベルにするのが目標
- グループごとに議論した内容を発表・質疑応答
  - ・他グループの取り組みとの連携や、他グループメンバーからいただける支援がないか確認
  - ・市長をはじめとする行政職員からコメントし、行政や他の市民団体などから得られる支援についてもアドバイス、具体化に向けたエール
  - ・「まちのえき」の内容について、行政からの具体的な支援について再度説明
- 発表内容も含め、「まちのえき」事業計画を策定する旨、参加者に報告

あります。ワークショップは互いをよく知る貴重な機会なのです。

また、地域をどうするか、という真面目な話題は普段の立ち話ではなかなか出てきません。行政への要望や困りごとなどはあるかもしれませんが、具体的にそれをどうするかという話が立ち話で出てくることは少なく、自分に何かできることはないか、という議論まで進むことはほとんどありません。しかし、ワークショップにはそのハードルを自然に超えていける雰囲気があり、地域の課題ややってみたかったイベントなどを恥ずかしがらずに話し、同じ想いを持つ人をグループ化できる大切な機会なのです。

表 4･3 「まちのえき」ワークショップの進め方イメージ

❶ 1 回目

- 行政から「まちのえき」の簡単な説明とワークショップの概要説明
- アンケート結果分析の報告
- 自己紹介（自分の特技、地域のすごい人・素敵な場所など）
- 地域にあったらいい、やってみたいことやイベント
- 地域の課題出しと具体的な対応策の提案
  - ・状態（○○に困っている、行政の ×× の対応が悪い）だけではなく、対応（○○に対応するため△△してほしい、□□な機会ができないか）を提案する形で意見出し
  - ・提案の中で、行政でないとできないこと、地域で対応できることに整理
  - ・地域で対応できることについて、具体的な内容を深掘り

❷ 2 回目

- やってみたいことの内容が近い人ごとにグループ化
  - ・1 回目に出された地域活性化や課題解決のアイディアをスタッフ側でテーマごとに五つ程度に整理
  - ・2 回目の冒頭で、五つのテーマの中から、参加者それぞれが一番やってみたい、応援したいアイディアを一つ選び、グループに分かれる
  - ・1 回目の感触次第では、地域イベントのアイディアだけに特化しても良い（課題解決よりも地域イベントのほうが取り組みやすいため）
- グループに分かれて、再度自己紹介、その取り組みやアイディアに対する想いを述べる
  - ・そのテーマに活かせそうな自分の特技、地域のすごい人、場所などを紹介しあう
- グループに分かれ、やりたいことのアイディアや課題解決の取り組みの内容を具体化
  - ・やりたいことのアイディアや課題解決の取り組みについて、内容を具体的に議論
  - ・アンケートや 1 回目の自己紹介で話した特技を生かした役割分担・体制も議論
  - ・地域のすごい人や素敵な場所などの情報も活かす
  - ・行政や市民団体、専門家など、地域の外からの力で活用できそうなものについて整理

4-3 「まちのえき」の事業計画を創ろう

4-1、4-2では、「まちのえき」を立ち上げるために必要な初動部分の説明をしました。そのプロセスでの中で出てきたいろんなアイディアを、実施体制や必要な経費・負担なども考慮しながら、「まちのえき」の事業計画にまとめていくのが次の作業です。

事業計画の構成・内容などは当然、地域ごとの個性がありますが、整理しておくべき基本的な事項について、実際の本市の事業計画の例なども参考に説明します。

「まちのえき」事業計画でまとめておくべきこと

1 事業名称・その地域における「まちのえき」の愛称

意外と重要なのが「まちのえき」の名前です。どんなものでもダメではないですが、より多くの方に親しみを持ってもらうためには、呼びやすい、覚えやすいことが重要です。思い切って子どもたちにいくつか候補を出してもらい、みんなの投票で決めるのもいいですね。

自分たちで決めた愛称であれば、子どもたちも参加してくれやすくなり、学校で話をしてくれたり、看板を作ってくれたりします。

2 事業内容

百歳体操、買い物支援やキッチンカーなど、定期的に開催する基幹的な取り組みをベースとし、そのうえにワークショップでまとまった取り組みを組み合わせて大まかな事業内容を整理します。

主な記載内容は以下のとおりです。

①日時・頻度

開催日時はターゲット層や取り組み内容によって変化します。高齢者や小さなお子さん・その保護者が対象なら平日午前が基本となりますが、現役世代や学校に通う子どもたちが対象なら週末の開催になるでしょう。

頻度は、「いつでも気軽に立ち寄れる場所を創る」という意味では、毎日自治会館が開いていて、何らかの活動があることが理想ですが、初めは無理せず、百歳体操の前後を活用した週1回の開催や、イベントと合わせて月1、2回の開催など、実施可能なところからスタートしてください。

②場所

自治会館、公園など、みんなが歩いて行ける場所を選びましょう。

③事業内容の詳細

「まちのえき」の基幹的な事業として進めている百歳体操や移動販売、また、すでに従来から取り組んでいる地域の重要な事業などをベースに、ワークショップやアンケートなどを基にして新たに取りまとめた事業を併せて記載し、「まちのえき」事業の全体像を整理します。

最初からたくさんの事業を書いても負担が大きいですが、事業内容をある程度記載したほうが参加者の機運が盛り上がるので、バランスが重要です。例えば、事業案は多数記載しつつ、初年度に実施するものを一つ、二つに絞るとか、事業計画として詳細を記載するのは一つ、二つの事業に限定し、その他は「2年目以降、中期的に取り組んでいきたい事業」などとしてさらっとまとめておくなどの工夫が考えられます。

④ターゲット

全世代、多様な方が集まる「まちのえき」ですが、特にターゲットとして考える世代や属性をイメージして記載します。買い物などに困る高齢者が多い場所では高齢者向けの取り組みが多いでしょうし、子育て層の支援が大きなポイントであれば子どもやその保護者がターゲットになります。地域との接点が少ない現役世代をターゲットにすることも有意義ですし、障がいを持つ人や認知症の方などをターゲットにすることも可能です。③の事業内容ごとにターゲットを設定することも可能ですし、平日開催は高齢者、休日開催は子育て世代、という使い分けもあるでしょう。

⑤役割分担

事業実施に向けた役割分担を具体的に明記します。表4・4はその一例です。

自治会長など一部の人にだけ負担が重くならないように、また、自治会長などの中心的メンバー

表4・4 「まちのえき」の事業計画に書き込む役割分担

・全体調整：自治会長
・外部との連絡・調整：キッチンカーや移動販売関係者、ゲストとの調整
・地元企画：企画ごとにリーダーを任命。ワークショップのグループリーダーなどに依頼。
・広報：当日までの広報（チラシ、SNS、口コミなど）、当日の記録、終了後の発信など。SNSや動画の活用も。撮影と編集、投稿などを分担することも可能。
・会計：準備段階や当日の金銭のやり取り、終了後の決算など
・その他のボランティア：決まった役割は難しいが、当日スタッフとしてお手伝いをしてくれる人

など

が交替しても継続できる体制づくりがポイントです（詳細は第5章で説明します）。

また、事業計画段階で具体的な記載は必須ではありませんが、事業実施段階で協力を求める市民団体や事業者などを想定しつつ、自治会に過度の負担がかからないよう、外部の力を借りることも明記しておいても良いでしょう。

3 事業に伴う収入と支出の見込み

「まちのえき」の実施による収入と支出として表4・5の内容を整理、計上します。

本市の場合は、立ち上げ当初にかかるイニシャルコストは可能な限り行政で負担しますが、ランニングコストは自治会で支払える持続可能な「まちのえき」の運営づくりに注力しています。そのため行政からの支援は3年間で原則終了します。3年以内に行政からの支援金がなくても自立できる収益構造を

表4・5　「まちのえき」の事業計画に書くべき主な収入と支出

1 収入

- イベントの参加費：参加者から一律に徴収するお金
- 売上金：カフェやバザー、フリーマーケット、メルカリでの不要品の販売などの売り上げ
- 協賛・寄附金：地元住民、事業者やクラウドファンディングの活用などによる寄付など
- 自己資金：自治会からの支援金など
- 行政からの支援金

2 支出

- 報償費：外部講師、ボランティアスタッフなどへの謝礼
- 備品購入費：「まちのえき」実施に必要な備品の購入
- 消耗品費：「まちのえき」実施に必要な消耗品の購入
- 印刷製本費：チラシ作成など
- 工事費：Wi-Fiなどの通信工事、レイアウトの変更などの工事に充てる費用
- 委託料：会場設営など、外部事業者などへの委託料

構築することが必要です（詳細は第5章で説明します）。

事業計画を自治会総会で決定する

「まちのえき」を実行するためには、事業計画を自治会の総会で承認してもらう必要があります。円滑に承認してもらうためのポイントを整理します。

第一に、自治会長、コアメンバーを中心に、ワークショップ参加者などにも総会に参加してもらうことです。必要に応じて、「まちのえき」への賛同の意見や、ワークショップで生み出した事業に対する想いを発言してもらいましょう。特にワークショップに参加してくれた子どもたちが発言してくれる

と効果的です。

第二に、一部の人が企画しているのではなく、アンケートやワークショップなど、多くの住民の意向を聞き、整理してできた事業計画であることをきちんと伝えることです。アンケート結果で抽出された地域の課題や、住民がやりたいこと、協力できることなどを分析・整理したものを簡単に説明することで、具体的・定量的な形で「まちのえき」の必要性や有効性を説明できます。

第三に、地元の負担がかかりすぎない形での実施が可能であることを説明することです。後述するような行政からの資金面や人的な支援はもちろんのこと、市民団体や移動販売の事業者など、外部の力もうまく使いながら事業を進めることが可能であると理解してもらいましょう。

第四に、必要に応じて、行政職員や他の「まちのえき」実施地域の関係者も総会に出席してもらうことです。行政職員からは「まちのえき」の有効性や各地域の取り組みを全力でサポートすること、他地域の関係者からは「まちのえき」を実施して良かったことなどを直接話してもらうことで不安を取り除き、前向きな機運を醸成できるのであればこのような仕掛けも有効です。

ここまで丁寧に進めてきた地域であれば、素晴らしい事業計画ができているはずです。

コアメンバーやワークショップ参加者などに事前にお願いし、総会で事業計画に賛同する旨の発言を依頼しておくなど、万全の準備により、しっかりと承認してもらってください。

4-4 「まちのえき」事業、実施当日の流れ

事業計画が承認されれば、いよいよ「まちのえき」の始まりです。どのような事業から始めるのかは、地域によってさまざまですが、本項では、事業を始めるにあたって、留意すべきポイントについて説明します。

リスク管理

何より気をつける必要があるのは安全面。具体的には、食中毒、交通安全、熱中症などです。他の失敗は取り返しが効きますが、住民の安全に関する失敗は「まちのえき」が続けられないばかりか、自治会や行政にも大きな禍根を残すことになります。

1 食中毒など食品衛生管理

「まちのえき」の大きな柱、集客の要は「食」にありますから、「食」抜きに「まちのえき」を進めることは難しいのですが、食中毒などのリスクには最大限の注意が必要です。飲食物の提供は住民ではなく、キッチンカーや飲食店などの事業者を中心に考えましょう。また、「まちの食堂」や作り置き事業などを実施する時には、飲食店関係者など食品衛生管理に詳しい方の力も借りながら、

表4･6　主な熱中症対策

・リスクの高いことは慎重すぎるくらいに回避すること
・熱中症疑いの事例が起こってしまった時の応急処置を多くの人が学んでおくこと、責任者を決めておくこと
・応急処置に必要なものを用意しておくこと
・軽度でない場合は躊躇なく救急要請すること
・自治会館を冷やしておき「クーリングシェルター」を準備しておくこと

万全を期すことが不可欠です。

フードドライブなど食品の寄付についても賞味期限を確認する人を置いたり、調理を担当する人は手洗いを徹底するなど、細やかな配慮が必要です。機会を設けて、行政や食品衛生協会などが研修を実施し、「まちのえき」関係者に受講いただくことも効果的です。

2 熱中症

気候変動の影響もあり、平均気温が大きく上昇する中、熱中症のリスクは大きく高まっています。消防庁のデータ[文2]によると、２０１０年から熱中症による救急搬送件数は急増し、２０２３年には９万１４７６人と過去２番目に多くなっています。決して「対岸の火事」ではなく、身近でいつ起きてもおかしくない、という心構えが必要です。

「まちのえき」の活動で熱中症を予防するには、夏場は涼しい自治会館の中で行うことが基本です。しかし、子どもたちは外に遊びに行きたがるし、高齢者や小さい子どもなどは短時間外にいるだけでも熱中症になることがあります。暑さ指数がそれほど高くなくても、体が暑さに慣れていない季節だったり、体調が万全でなければ熱中症のリスクは高まります。

したがって、学校などと同じように、熱中症防止の責任者を、夏場は現場に一人は必ず置き、表４・６の熱中症対策を日頃から徹底しておいてください。

熱中症リスクとその防止についての研修などを行政で行っておくことも重要です。

3 交通安全

我が国の交通事故件数は、２０１８年に43万６０１件だったものが、２０２２年には30万８３９件と大きく減少しています。また、交通事故による死亡者数も２０１８年に３５３２人だったものが、２０２２年には２６１０人と減少しています。[文3]
一方で、交通事故による死亡者に占める高齢者の割合は２０２１年で57・７％と高く、高齢者の交通安全の重要性が高まっています。
通学路をはじめとする地域の道路の安全点検。点検に基づく行政による道路の安全対策、高齢者・子どもへの普及啓発に加え、警察と連携した交通安全の啓発や取り締まりの実施が必要です。また、自治会でも地域内での自動車、自転車の安全運転に対する住民への働きかけを行い、青パトによる巡回を行うなど、「まちのえき」をきっかけにして、域内の交通安全のさらなる徹底を図るきっかけにしてください。「まちのえき」の実施当日、多くの市民の来場が見込まれる場合は、スタッフと手分けして交通安全の見守りを行いましょう。

地域によっては、「まちのえき」でお買い物をされた高齢者の荷物を若者が自宅までもっていく取り組みも行われています。このような助け合いにより交通事故防止を具体化しましょう。

4 雨が降ることも選択肢に入れて事業設計をする

イベントなどを実施する時に、一番頻度の高いリスクと言えば、雨でしょう。

大雨が降れば屋外開催のイベントは実施できないか、実施できても悪条件下の開催となり来場者数に大きな影響が出ます。

雨が降ることも選択肢に入れ、屋内企画と屋外企画の両方を用意してリスクヘッジするなどの工夫が必要です。天気を変えることはできないので、「雨が降ったわりにはたくさん来てくれたなあ」「うちの自治会には雨男、雨女がいるのかなあ」くらいのおおらかな気持ちで、次回の晴天を祈るくらいでいいかもしれませんね。

簡単で面白いことから始める

事業計画を策定するプロセスでいろんなアイディアが出ているので、やりたいことがたくさんあるとは思いますが、それをぐっとこらえてまずは比較的簡単でみんなが面白い、楽しんでくれる取り組みで「小さな成功体験を一つ作る」ことが大切です。

いろんなことをいきなり盛り込みすぎると、トラブルが起きた時などに修復が難しいですし、1

回目にある程度の楽しさや手ごたえがないと2回目以降も頑張ろう、という機運が盛り上がらず、次に続かなくなるからです。

では、具体的などのような取り組みからやれば良いのでしょうか。こればかりは地域課題や住民のニーズもあるのではっきりした答えは地域にしかないのですが、参考として以下の三つの取り組みをお勧めします。

1 まちかど図書館

第2章でも紹介したこの取り組みが優れているのは、多くの人に役割を与えられること、断捨離したいという多くの世帯のニーズに合っていること、失敗する可能性が小さいこと、完成した時の達成感が高いこと、予算がほとんどかからないこと、などが挙げられます。

自宅にあるたくさんの本を処分したい、というニーズは多くの家庭にあるので、本の寄贈を呼びかければあっという間に本は集まります。また、普段は、女性に比べ地域での活躍の場が少ない男性に対し、本を運んだり、本棚を組み立てたり、本を選別して並べたり、と出番を創ることができます。子どもたちも大人に教わって工具に触れ、本棚を作る体験も得られますし、世代を超えた名作漫画など、話にも花が咲きます。予算は本棚の材料くらいで低廉ですし、本棚に本が並んだ時のビジュアルも良いので、関係者の達成感・満足感はとても高くなります。

2 みんなでスポーツ観戦

究極のお手軽イベントですが、オリンピックやサッカーのワールドカップ、野球の試合などをみんなで集まり、スナックや飲み物片手に観戦するだけのイベントです。とにかくお手軽で準備はほとんどいらないですが、スポーツ観戦はみんなで盛り上がるほうが楽しいという人も多いので、参加者も一定数見込めます。スポーツ経験者や詳しい人に、プレイや戦術の解説などをお願いしながら見るとさらに楽しいです。

このイベントが良いのは、このイベントをベースにいろんな形で発展が可能なことです。例えば、みんなでゲームをするイベントなども同じように簡単に開催できますが、子どもたちも集まって盛り上がります。スポーツ観戦の時に食べるおつまみなどをみんなで一緒に作ることにすれば、子どもたちの料理教室にもなります。子どもをはじめ、地域住民にとって、自治会館という場所が特別でなく、いつでも気軽に来て良い場所という認識を醸成するためにも効果的なイベントです。

3 まちの総菜屋

一人暮らし高齢者など、食事を用意することに困難を抱えている世帯も少なくありません。「まちの食堂」を開催するのも良いし、弁当の移動販売も便利ですが、「まちの食堂」は、1食分の主菜、副菜、汁物などを用意するのが大変ですし、ご飯を炊くのも通常の炊飯器では間に合いませんから準備は結構大変です。

一方で弁当の移動販売は準備がほとんどいらず便利ですが、地域住民同士の支えあいとか役割を持った参画という点では物足りない面もあります。

そこで、大きなお鍋を用意し、30人分くらいのお惣菜をみんなで一品創るのが「まちの総菜屋」です。カレーでも、豚汁でも、唐揚げでも、もつ煮込みでも、何でも良いのですが、みんなで一品料理を大量に作ります。小分けにして持ち帰って食事に利用してもいいし、タッパーにご飯だけ詰めて自治会館に集合してみんなで食事会をしてもいいし、自治会館でスポーツ観戦しながらおつまみに食べてもいいし、と活用方法は広がります。会館に来るのも難しい世帯には子どもたちが配達すれば喜ばれます。もちろん、材料費、手間賃程度の料金は取って実施してください。

食事支援なのはもちろん、調理する人、配達する人など地域での役割の場も生まれ、必要経費も大部分徴収可能ですし、比較的手軽で実用的なので、長続きする取り組みです。

この三つの取り組みのように、地元の負担が比較的軽い形で、失敗が少なく、楽しんでもらえる取り組みを行うことを基本にし、外部の力を組み合わせれば、1回目からかなり充実した内容の事業が可能なはずです。

相乗効果が生まれる事業を組み合わせる

「まちのえき」にはいろんな事業がありますが、単独で大きな集客力を持つ事業は多くありません。

したがって、事業同士を組み合わせて、集客力を高めることが必要になります。

例えば、移動販売や青空市を行う時は、百歳体操と組み合わせることで相乗効果が期待できます。百歳体操に来る高齢者は買い物に困りごとを抱える人も多く、買い物支援のターゲット層だからです。百歳体操だけ、買い物だけでは「まちのえき」に来ない人たちも、百歳体操に行くついでに買い物もできるのであれば足を運んでくれるかもしれません。

同様に、絵本の読み聞かせ、子ども服や絵本のリユースや交換の場、赤ちゃん関係の商品の移動販売などを組み合わせれば、小さなお子さんのいる世帯には大きな魅力になるはずです。

事業の組み合わせ方によって集客力が変わってくるのでぜひ試行錯誤しつつ実施してください。

組み合わせや相乗効果による集客効果の高い事業として本市で「鉄板」とも言えるのが、2－9で紹介した「プラレールひろば」です。子ども関係のイベントでは「プラレールひろば」があれば多くの人が集まり、イベント効果も大きく高まります。子どもがたくさん集まるところは家族も来ますし、子どもが楽しんでいる姿を見ればみんなが幸せになり、事業を継続していこうという機運も高まります。皆さんの地域における「鉄板」とも言える集客効果の高い事業をぜひ見つけてください。

継続に向けての振り返りの場

「まちのえき」開催後は慰労会をし、みんなでお祝いしましょう。良かった点、楽しかったことをとにかくたくさん出しあい、みんなの力で1回目が盛り上がったことをポジティブに受け止め、お互いを褒めあってください。いろんな課題も見えてくると思いますが、一番重要なことは「反省会をしない」ということです。

もちろん、課題や反省点は必ず生まれます。しかし、慰労会ではそれには触れる必要はありません。反省点や課題については、後日、自治会館に集まって議論すれば十分ですし、その会合さえ、課題や反省点を議論するだけの場にする必要はありません。

むしろ2回目に向けてどんなことがしたいのか、という前向きな議論をどんどんやっていくべきであり、その中で、1回目の課題を少しずつ修正していけばいいのです。

「まちのえき」は絶対やらないといけない義務でもなんでもありませんので、参画する地域住民や関係者が楽しいと思わなければ絶対に続きません。だからこそ、反省会ではなく次に向けた前向きな意見交換会を中心に据えていくことが重要なのです。

前述したような安全・安心などに関する問題点などはもちろん速やかに改善し、関係者で共有しておくことは大切です。しかし、それ以外については、少しくらい問題があってもそれ以上の楽しさでカバーする、くらいの感じで対応していくほうがうまくいくケースが多いです。

さらなる発展に向けた検討

最後に、1回目の「まちのえき」が終わって、いい感じで機運が盛り上がってきた時にやるべきことがあります。

第一に、応援してくれる人のすそ野を広げること。1回目に参加し、面白い場所、素敵な場を体験した人の中には、「まちのえき」を応援してくれる人もいるでしょう。いつまでもお客様にしておくのではなく、ボランティアメンバーに誘ってみましょう。単にお客様を増やすのではなく、「お客様であり、スタッフでもある人を増やす」のがポイントであり、理想です。

第二に、他地域の「まちのえき」をみんなで見に行くことです。実際に見に行くことで、自分たちの地域でもやりたいことが新しく生まれますし、その効果的な実施方法も教えてもらえます。同じような地域づくりに励む仲間と会うことでお互いのモチベーションも上がるはずです。

第三に、より効果的な発信の方法を考えることです。発信方法については、世代ごとに効果的なメディアが違うので、若い世代や子どもたちにも議論に入ってもらうことが効果的ですし、若い世代に「まちのえき」に関わってもらう良い機会にもなります。1回目の楽しい様子はもちろん、2回目、3回目の日程や内容など、どんどん発信して、みんなで声を掛けあって参加しようという雰囲気を創ってください。「まちのえき」という言葉がより多くの住民の会話に出てくるようになり、地域に定着するのが目標です。

第四に、収益確保です。収益の確保については、どの地域でも検討が後回しになってしまいがちなのですが、ここが確立しないと自立した「まちのえき」にはなりません。バザーやカフェなどの売り上げに加え、どのような形で収益を生み出せるのか、意識的に議論する機会を増やしていく必要があります。第5章に収益確保の詳細をまとめていますが、収益確保の取り組み自体を「まちのえき」の事業の一つの柱と捉え、みんなで楽しみながら取り組んでください。

最後に、「まちのえき」の開催頻度や方法についてです。平日開催と休日開催をどう組み合わせていくのか、イベント的な「まちのえき」から日常生活に寄り添う「まちのえき」へと向かうのか、などいろんな議論があると思います。一足飛びに無理して進むのではなく、2回目、3回目と機運を高めながら、無理のない着実な進化を目指してください。

4－5　「まちのえき」への行政による支援

これまで、各地域における「まちのえき」の立ち上げから実際の事業実施までの一連のプロセスについて述べてきましたが、特に立ち上げから運営が軌道に乗るまでの初期段階においては、行政の支援が不可欠です。

本項では、行政による「まちのえき」への具体的な支援内容について、本市の事例も参考にご紹介します。

事業計画の策定に向けた伴走支援

最初に紹介するのは、「まちのえき」の事業計画策定までの伴走支援です。事業計画がまとまらないと「まちのえき」自体が始まりませんので、行政としてはかなりきめ細やかなところまで全力で支援します。

具体的には、「まちのえき」に取り組んでくれそうな自治会長や地域のまとめ役のような方に「まちのえき」について説明し、「やってみようか」と思っていただくことです。本市では「まちのえき」に関心がありそうな自治会長を見つけ、内容を説明したり、こまめに「営業」したりしています。また、自治会長が集まる総会や研修会でも市長や担当課長から常に「まちのえき」について説明し、その具体例や効果も交えながら参加を促しています。

その次の伴走支援は、地域アンケートの実施です。「まちのえき」に関心を示してくださった自治会に対し、コアメンバーでの意識共有を行った後、4－1で紹介したようなアンケートを自治会員に対して実施する際の具体的な支援を行います。アンケートのプロトタイプをお渡ししつつ、地域に応じた内容に修正しながら設問を固める作業や議論を自治会とともに行います。

ワークショップについても行政が支援に入ります。ワークショップに参加した人はいても、運営した経験のある人はほとんどいませんので、行政または行政が委託したコーディネーターが地域に入り、アンケート結果を基にして、地域住民の議論を活性化するお手伝いをします。

また、同じ地域内でもお互いにどんな特技があり、どんな地域づくりに想いを持っているかなどは普段は真面目にお話しする機会も少ないので、行政が入ることで自然とそういう話ができる雰囲気をつくります。また、ある住民の地域づくりへの挑戦を他の住民や他の地域の市民団体、事業者、行政の関係課に応援してもらう「マッチング」も行政の得意技です。

このほか、事業計画の了承を得るための自治会の総会の進め方へのアドバイスや、必要に応じて総会に出席して行政からもお話しすることもあります。

事業計画の実施に当たっての財政的支援

生駒市では、事業計画が認定された自治会に補助金を最大3年間支給します。上限額は毎年50万円で、初年度は補助率が10／10、次年度は2／3、最終年度は1／3となり、最大で3年間合計100万円が支給されます（表4・7）。

補助率が年々減少するのは、3年の間に財政的にも自立し、持続可能な「まちのえき」の運営を目指してもらうためです。また、初年度に備品購入などイニシャルコストを支給し、ランニングコ

表 4･7　具体的な補助項目

報償費	事業実施のためのボランティアや外部講師等に係る謝金※1
旅費	先進地視察等に係る費用
印刷製本費	チラシ作成費等広報宣伝用の印刷や報告書などの印刷製本費
燃料費	事業の実施に係る燃料費
消耗品費	活動に必要な単価２万円（税抜き）未満の文具、日用品や原材料費
通信運搬費	事業実施に係るはがき・郵送代・インターネット回線料等
保険料	ボランティア保険・行事保険料
委託料	自治会では実施が困難な事務の委託料
使用料・賃借料	事業実施に係る使用料および賃借料
備品購入費	事業実施に不可欠な単価２万円以上の物品・機器購入費※2
その他	事業実施に必要な上記以外の経費

※1：事業実施のためのボランティアに係る経費について、補助対象となるのは１人につき１日最大 500 円まで。

※2：拠点整備に係る費用（備品購入費や工事費等）については、拠点で行う活動と合わせて実施することにより、より高い事業効果が見込める場合にのみ対象。交付額は補助金交付金額の 1/2 以内。

ストについては地域で負担していただくことを原則としています。

事業計画の実施に当たっての人的な支援

事業を実施する段階において、行政の仲介による人的な支援も大きな力になります。

1 「まちのえき」の運営に役立つ市民団体の紹介

地域には、文化・歴史、子育て・教育、障がい者・高齢者福祉、スポーツ、環境・自然、防災、人権などさまざまなテーマに取り組む市民団体が存在しています。このような「テーマ型市民活動」と「まちのえき」のような「地域型市民活動」をマッチングして相乗効果を出していくことも行政の仕事です。

テーマ型の活動団体の中には、活動の場を広げたいという想いを持つ団体も少なくありませんので、「まちのえき」のような場を紹介すればお互いにとってプラスになります。そこで、本市では、まちづくりの「おたすけ帳」を作成し、広く公開しており、実際に多くの事例がマッチングできています[文4]。

2 行政による出前講座

多くの自治体で出前講座の仕組みが設けられています。出前講座とは、行政が市民に知ってもらいたい、市民の関心が高そうなテーマについて、担当職員が出向いて説明したり、意見交換する取り組みです。

本市では、市内在住者または市内へ通勤・通学している人を主な構成員とし、おおむね10人以上の参加者を集めることができる団体・グループに対し、無料（材料費、資料代等を徴収する場合もあり）で実施しています。約50のテーマが用意され、毎年多くのリクエストをいただいていますし、我々にとっても市民への発信の場、いろんな意見のいただける貴重な場になっています。[文5]県や国にも出前講座があります。

「まちのえき」の事業メニューの一つとして活用していただきやすい支援です。

3 事業者による支援の仲介

「まちのえき」を盛り上げるためには、事業者との連携も欠かせません。

第3章で紹介した移動販売等支援パートナーズや、青空市で野菜を販売する農家、個人事業主（体操指導、習字・絵画・俳句・川柳など、お金やインターネットの使い方など）と、地域とをつなぐ仲介役も行政の役割です。

最近はSDGsに取り組む事業者も増えていますが、活動の場・機会を探している事業者も少なくありません。そこで、SDGsに取り組みたい事業者と「まちのえき」をつないで具体的な連携事業を行うことも効果的です。本市では、「いこまSDGsアクションネットワーク」を立ち上げ、2024年3月現在、103の事業者・団体に登録をいただいており、[文6]「まちのえき」との具体的な連携も増えてきました。

今は多くの自治体で公民連携の窓口を設け、事業者と行政との連携を促進しています。このような窓口経由で生まれた連携をＳＤＧｓも含めて具体化する場として、一人一人の住民の顔が見える「まちのえき」は、事業者から高い評価を受けています。気候変動などのグローバルなインパクトと同様に、地域やコミュニティでの少子高齢化や人口減少、資源のリユース・リサイクルなどのローカルなインパクトの意義や発信力を多くの事業者が認識してくださるようになっているからです。

このほか、事業者以外にも大学などが実学の場として行政と連携するケースも増えており、その最適な機会として「まちのえき」を紹介することも増えてきました。

4 行政の関係部署とのつなぎ

「まちのえき」の具体的な事業を進めるにあたり、公園や道路の利用許可、消防法関係など、行政手続きが必要なケースがあります。「面倒くさそうなのでやめとこう」とならないように、行政の地域担当部署が、手続き担当課を紹介し、円滑に手続きが進むように手助けすることが大きな推進力になります。

また、行政が持つ発信の手段は多様ですので、「まちのえき」の活動やイベントの周知などを行政の持つメディアで発信することで、「まちのえき」の賑わいを生み、継続的な事業展開を進める大きな助けとなります。

5 事業計画の策定・実施を効果的・効率的にするデジタル化への支援

本市では、自治会による地域活動をより効果的・効率的に実施していただくため、情報通信技術（ＩＣＴ）の整備・活用に必要な支援として、「地域コミュニティＩＣＴ活用事業補助金」を交付しています（表４・８）。

多くの自治会が、コロナ禍などの影響により活動の自粛や縮小を余儀なくされましたが、それがきっかけとなり、自治会活動のデジタル化が進みました。この補助金は、自治会活動のデジタル化を加速させ、効果的・効率的な発信・情報共有・意見交換などを進めるだけでなく、自治会館をデジタル化し、テレワーク拠点やネットを活用したイベントなど、これまでにない新しい活動を自治会館で実施し、より多くの地域住民を自治会活動に呼び込むことができます。

このような支援を行うことで、「デジタル技術を活用すればもっと効率的・効果的に自治会活動できる」という意見を持っている若い世代の自治会活動への参入も期待できます。そして、この補助金が、「まちのえき」をさらに前進させるためにも有効な手段であることは言うまでもありません。

6 デジタル化補助金の活用事例イメージ

①自治会活動をサポートする総合アプリの導入

自治会運営を総合的に支援するアプリやネット上のサービスが始まっています。

庁内行事、連絡事項、行政や学校からの情報、ごみ収集情報、自治会活動関係の資料のアーカイ

表4・8　地域コミュニティICT活用事業補助金の概要

補助金額	補助対象となる経費の1/2（補助金上限25万円）
補助対象経費	・ソフトウェアやサービスの導入経費および使用料 ・電子回覧板等のアプリの導入費や利用料 ・インターネット環境・Wi-Fi環境の導入経費、インターネット回線使用料などの通信費 ・ホームページの構築に係る経費、セキュリティ対策に係る経費 ・デジタル活用に関する研修費 ・LINEビジネス（公式LINE）の活用に関する経費 など ※パソコン、プリンタ、タブレット、スマートフォン、その他の機器（モデム、無線ルーターを除く）の購入は対象外

ブ、写真・動画のアーカイブなどに加え、行事への出欠確認、防災時の避難状況確認などが可能なアプリもあります。電子回覧板機能や、ネット上で地域課題ややりたいことを意見交換するチャット機能を有するアプリもあります。このようなアプリやサービスを活用することも視野に入れた自治会運営や「まちのえき」事業の検討が必要です。

②ＳＮＳの活用

自治会のウェブサイトの構築やＳＮＳの活用も効果的です。

例えばラインなどのチャット機能を活用し、自治会員をグループ化すれば、タイムリーな情報発信やイベントの実施・参加者募集、地域づくりに関する簡易な調査などを実施できます。若い世代の自治会への関心を高め、活動への参加につなげることができます。

また、自治会館の予約をスマホ一つで決済までできるようにすれば一気に便利になり、自治会との心理的な距離がぐっと縮まります。

③自治会館のインターネット環境の整備

自治会館にインターネット環境を整備することにより、役員会や班長会のオンライン開催、住民が自分のパソコンなどを自治会館に持ち込んで作業すること、インターネットを活用した新しいイベント・企画の実施などが可能になります。

メルカリなどの自治会運営に役立つアプリやネット上のサービスなども活用可能になります。

④高齢者を中心としたスマホ活用セミナーの開催

このようなデジタル技術を活用したサービスを導入するには、並行して、住民のデジタル技術に対する理解を高めることが必要となります。デジタル技術を使えば具体的に何が便利になるのか、具体的に示し、そのやり方を丁寧に何度もお伝えする教室を定期的に開催することが不可欠です。行政は、「まちのえき」などの場・機会を活用したスマホ活用セミナーなどに対する支援も積極的に行いましょう。

また、どうしてもデジタル技術を活用できない方や、スマホなどの機器をお持ちでない方も一定数必ずおられますので、そのような方に対する代替的な方法や保険的な取り組みを検討しておくことも忘れてはなりません。

⑤地域通貨、地域ポイントなどの活用

本市でも検討中ですが、全国的に見るとデジタル地域通貨を導入し、地域活性化に取り組む自治体はかなり増えています。その多くはコロナ禍で影響を受けた市民や事業者支援としてのクーポン的なものですが、中には単なる地域産業や市民生活の支援ではなく、市民や事業者による地域活動を促進することを主目的においた地域通貨・地域ポイントもあります。本市が目指す仕組みもこちらのものです。

例えば、「百歳体操に参加したら5ポイント」「本を10冊寄付したら10ポイント」「ボランティアとして1日活動したら50ポイント」などと設定し、たまったポイントは朝採れの新鮮野菜と交換したり、「まちのえき」のイベントで有料ワークショップに参加するのに使えたりします。

「まちのえき」以外でも、市のイベントやセミナーに参加したら5ポイント。市内の面白い場所ごとに設置したQRコードを読めば5ポイントもらえ、そのポイントを使って、地域のパン屋さんでパンをもらえたり、割引してもらったりできれば良いな、と考えています。

このような地域通貨・地域ポイントの仕組みを活用して、「まちのえき」をはじめとする市民・事業者の地域活動を応援することも行政の仕事です。

このように、「まちのえき」を含む、市民による地域の活動を行政が全力で支援することが、自律

的で持続可能な地域づくりに不可欠なのです。

第5章

成功のポイント

5-1 地域人材を発掘して、自治会長の負担を軽減しよう

これまで、「まちのえき」の取り組みや立ち上げの手順など詳細に説明をしてきましたが、本市で12か所の「まちのえき」の運営を関係者とともに進めてきた経験から、持続可能かつ発展可能な運営のためのポイントが見えてきました。

本章では、そのポイントについて、具体的に説明します。

自治会長を支える持続可能な体制づくり

まず、一番重要なポイントは「人」です。

「まちのえき」について自治会関係者からいただく一番多い質問は、「自治会長が1年で交代するので、アンケートやワークショップなどを実施し、事業計画をまとめる時間が足りない」「自分が立ち上げても後任の会長の負担を増やしてしまうので踏み切れない」「自分が始めても後任の会長たちが継続できるかわからない」というものです。確かに、本市で「まちのえき」が立ち上がっている自治会の多くは、自治会長が1年交代でなく、複数年勤めてくださっている自治会です。

では、会長が1年交代の自治会では「まちのえき」の立ち上げ・実施は難しいのでしょうか。答

えは「否」です。むしろ、会長が1年交代だからこそ、会長だけに依存しない体制の構築が進むケースもあります。

そもそも、自治会長一人の力では「まちのえき」の事業推進は不可能ですから、自治会長だけでなく多くの関係者が「まちのえき」を支え、楽しんでもらう持続可能な体制づくりが不可欠です。そのための工夫をいくつか紹介します。

自治会長の負担を減らす工夫

第一の方法は、「まちのえき」のボランティアメンバーを募集することです。代表とか会長は無理でも、地域活動に何らかの形で協力したい、参加したい、という方は地域に必ずいます。

そこで、「時間がある時だけでもOK」「子どもや介護中の家族と一緒でもOK」「自分が得意なこと、関心のあることだけでもOK」と明記し、ボランティアメンバーを広く、継続的に募集します。地域アンケートで書いてもらった「特技」がここでも活用できます。「特技」欄に記載してくれたことだけでも地域活動へのポジティブな反応ですから、ぜひ全員と話をして、できるだけ多くの方が特技を生かしたボランティアになってくれるようお願いしましょう。

また、事業計画を策定するプロセスで関わってくださった人、特にワークショップに参加してくれた人はボランティアの最有力候補ですし、これまでの地域活動でお手伝いしてもらったことがあったり、イベントに何度も参加していた人もボランティア予備軍です。声を掛けましょう。

第二の方法は、ボランティアメンバーの延長線上にあることですが、各イベントや企画ごとのプロジェクトリーダーを置くことです。百歳体操はAさんがリーダー、「まちの図書館」はBさんがリーダー、移動販売はCさんがリーダー、というように役割分担ができれば、自治会長は全体の調整に専念できます。リーダーはボランティアスタッフの中から選んだり、歴代の自治会役員から選んだり、ワークショップでプロジェクトの実施に積極的だった住民を選んだりすると良いでしょう。関心や想いのあるテーマを選んでやってもらうのがポイントです。

また、事業計画の内容が少しずつ形になり、軌道に乗ってきたら、「まちのえき」でやってみたいことについて、2回目のワークショップを行い、アイディアを出してくれた「言い出しっぺ」をプロジェクトリーダーとして「まちのえき」に巻き込んでいくのも有効です。ワークショップは「人材確保」の場なのです。

第三の方法は、「まちのえき」の運営自体を、自治会の下にある「委員会」としてしまう方法です。単にプロジェクトを任せる第二の方法とは異なり、「まちのえき」という事業全体の責任者として、自治会長以外の方にお願いするのです。

例えば、大きな自治会になると、自主防災活動と連動した防災委員会（自主防災会）、民生委員の活動と連動した福祉委員会、コミュニティスクール活動などで学校と連動した子育て・教育委員会などが置かれていますが、これと同じような考え方で、「まちのえき」の取り組みを自治会下の委員会にし、自治会長経験者などが委員長として責任者となる仕組みです。

このようにすれば、自治会長が「自分の後任の負担になるのではないか」という理由で「まちのえき」の開始に逡巡することもなくなります。会長退任後は「まちのえき」委員長として自分が担当するということにすれば良いわけです。もちろん、委員会に前述のプロジェクトリーダーやボランティアメンバーを責任者として置くことも可能です。

「まちのえき」に限らず、自治会、ＰＴＡなど、会長の負担が大きいために成り手不足が生じているケースは後を絶たず、その負担を分散させることが急務となっています。後述するデジタル化や業務内容の見直しはもちろんですが、ここにお示ししたような方法も活用して、負担の分散とやりたいことから小さく関わることを基本とし、活動を継続・発展させていくことが必要です。

5-2 地域に隠れている人材を発掘しよう

地域にはものすごい人材がいます。必ずいます。しかしながら、周りが気づいていないために、お力を地域で発揮してもらえていないのが実情です。

主婦、高齢者、子ども、学生、テレワーク従事者など、社会の変化に応じた形で地域活動に参加してもらう方を増やしていきましょう。

基本となる考え方は第3章で紹介した「自治体3・0」「ワーク・ライフ・コミュニティのブレンド」とそれらを具体化した地域共生社会です。

こんな地域人材を見つけてこよう

4-4で示したように、市内の市民団体、事業者、大学等、地域外の関係者は「まちのえき」の運営上、重要な力となりますが、「まちのえき」の主役はもちろん地域住民です。

主婦、高齢者、テレワークで働く人、子どもなど、地域住民の皆さんのお力をいただくためのポイントを整理します（詳細については、拙著[文1]第1章参照）。

1 テレワーク中の現役世代

コロナ禍におけるステイホームやテレワークの浸透により、これまでは都市圏に通勤していた現役世代が自宅で過ごす時間が長くなりました。それにより、普段は見えていなかった地域活動、例えば、学校の草刈りや公園の管理、子どもの通学時の見守り、百歳体操の運営などが、自分や家族にとって大きな助けとなっていたことを知った人も少なくありません。

コロナ禍が明け、通勤を再開した人もいますが、それでも一定数の方が自宅やその周辺でテレワークによる就業を継続しています。コロナ禍で地域に目が向いた現役世代に、「まちのえき」の運営への協力をお願いすることは効果的かつ合理的です。

平日のお昼の「まちの食堂」や週末の「まちのプレイグラウンド」などに家族とともに来てもらうように声を掛けることから始め、地域になじんでいただいたところで、協力をお願いしてみましょう。現役世代は忙しいので、単に自治会の仕事を依頼しても難しいケースが多いのですが、「まちのえき」の活動を知り、活動にお世話になった経験の後で依頼すれば反応は変わります。自分がやれること、貢献することの意義、負担感などを想像できれば、少しずつでも協力してくれるはずです。

現役で就業している方は、デジタルスキルを持ち、事業管理もできます。子育て世代とも重なることから、子育て世代のニーズに合った活動を提案・実施もやれます。高齢者スタッフだけでは手が回らない分野まで対応でき、今後の新しい自治会活動に向けた改革や担い手という意味でも欠かせない存在です。

2 専業主婦

地域の主婦層も大きな力を秘めています。生駒市のような住宅都市では女性の就業率が低い傾向にありますが、以前は働いていた方も多く、いろんなスキルや専門性をお持ちです。

専業主婦の方の多くは、子育てをしていたり、介護をしていたりして、忙しいケースも多いですが、その合間の時間だけでもお力をいただければ大きな戦力となります。子ども連れでももちろん大歓迎です。この層もデジタルスキルが高く、子育てや介護の現場を知り、子どもを通じて地域の若い世代のネットワークを豊富に持っているので、従来の自治会ではカバーしきれない部分を担ってくださる可能性が高いからです。

具体的には、まず、「まちのえき」を活用して子育てや介護の負担を減らしていただいたり、子育て・介護に関するイベントに参加いただいたりすることから始め、その流れで、スタッフとしても「まちのえき」へのご支援をお願いすることが効果的です。

また、仕事は再開したいけど、子育てにも力を入れたいのでフルタイムで大阪に通勤するのは抵抗があるという方、また、地域での創業を考える方も確実に増えています。第3章で述べたように、「まちのえき」を舞台に創業を考えていただける方や、「まちのえき」で自分が主導して地域での子育て環境を整備したいという方が来てくれれば、単なるボランティアを越えて具体的な地域ビジネスへと展開していきます。

3 高齢者、退職者

内閣府の『平成30年版高齢社会白書』[文2]には、外出や会話の頻度が高い人、社会的な活動に参加している人ほど健康状態が良好といった調査結果が示されています。

団塊の世代が退職を迎え、地域の図書館などで見かけることが増えてきましたが、このような皆さんに地域活動へと参加していただくことで、まちにもプラス、定住促進や市民満足度にもプラス、そして健康寿命にもプラスとなるのです。

高齢女性は地域に多くの友人がいたり、すでにいろんな活動に参加している方も多いので、「まちのえき」でもお力を貸していただけるよう、具体的なお願い事項を明示してボランティアスタッフになってもらいましょう。高齢男性は地域活動に顔を出さない方もまだ多いですが、図書館に集まっている方に図書館司書が声を掛けて、地域活動やイベントをご案内したり、得意なことを活かして地域活動の担い手となっていただくよう依頼したりと、行政も連携して地道な働きかけが必要です。すでに地域で活動している女性に夫を連れてきてもらい、ご夫婦で一緒にボランティアをお願いするのも効果的です。

4 学生

近年、就職活動などにおいて、「主体的・具体的に活動した経験」を持つ学生が高く評価される傾向にあることから、学生は社会に出る前に地域に出ることが多くなりました。学校もそれを推奨し、地域活動を単位として認める学校も増えています。

学生が地域活動に入ってくれることの良さは、若い発想とエネルギーです。

デジタルスキルはもちろんですが、就業している世代よりもさらに若く、中高生などを「まちのえき」に呼ぶために必要なことなど、適切なアドバイスをくれるでしょう。

また、一人っ子も増えている昨今、小中学生にとって若い学生は「斜めの関係」を創ってもらえる貴重な存在です。学生が入るだけでこれまでの自治会活動と異なる新しい活動が生まれます。

一方、学生に活躍してもらうためには、「まちのえき」が学生にとって魅力的な場となるような工夫が必要です。例えば、学生に小さなプロジェクトを一つ任せ、学校ではなかなか学べない、地域課題と現場で向きあう、人を動かす、責任を持つ、という経験してもらってはどうでしょうか。学生を単なるお客様やボランティアにせず、責任あるプロジェクトリーダーとして苦労してもらえば、彼らにとってかけがえのない経験となります。また、地元の良さを体感してもらい、いつか故郷に帰ってきたいと思ってもらえれば最高ですね。

このほか、第3章でも述べたように、「地域共生社会」の理念から言えば、子どもたち、障がい者や認知症の方にも役割を持って「まちのえき」で活躍していただく発想と活躍の機会・場づくりが必要です。

また、地域へのコミットの段階として、「事業への参加↓事業のお手伝い↓事業の企画・運営」という流れがあります。参加してもらうだけでも大変ですが、「まちのえき」に参加して楽しんでくれた人、助かったと言ってくれる人には、お手伝いも積極的にお願いしていくことで担い手を増やしてください。お手伝いしてくださるスタッフには、一つのプロジェクトを任せることも考えてみてください。楽しみながら、自然な形で参画のレベルを上げていく仕掛け、それをマネージメントする人が地域にいれば、「まちのえき」の体制はどんどん強化されます。

子どもの宿題、まちのセミナーで人材発掘

地域の人材発掘という意味で有効な取り組みを最後に二つ紹介します。

一つめは、小学生の宿題として地域の面白い人、すごい人を一人見つけてくるという、学校と連携した取り組みです。自治会で文化祭をしたら、実はお隣さんが書家だったとか、玄人はだしの落語のできる人だったとか、新しい発見が結構あります。文化・芸術に限らず、近所に「スポーツで国体に出た人がいる」「ありす博士のお子さんがいる」「昔、戦争に行っていたおじいちゃんがいる」「ポケモンに詳しいお兄ちゃんがいる」など、どんなことでもいいので、すごいと思う人を探し、調査・報告してもらうのです。子どもたちが地域に親しむと同時に、子どもが集めた情報は「まちのえき」の運営上も大きな力になるのでお勧めの取り組みです。

二つ目は、2-5で紹介した「まちのセミナー」です。学校や自治会単位で、地域におられるすごい人を先生として招いたセミナーを開催するのです。子どもたちが探してきた先生にも実際に登壇してもらいます。先生も生徒も年齢、国籍、障がいの有無等関係ありません。このような機会を設けて、すごい知識や特技のある人に一度地域デビューしてもらうことで、「まちのえき」への協力

をお願いした時に、受けてくれる可能性は高まります。地域と接点の少なかった人たちが地域に入るきっかけとしての「まちのセミナー」は、イベント自体の集客力も高いので、盛り上げと人材確保とが両立できます。子どもたちにとっても、自分が先生になれるチャンスでもあり、自分が探してきた方が活躍している場でもあるので、地域活動を通じて自己有用感を高めることのできるお勧めの取り組みです。

5－3　発信が一番のカギ

「まちのえき」の生命線はいかに多くの方に足を運んでもらうか。そのためには、発信に関する努力や工夫を怠ってはいけません。

アナログな方法からデジタル技術の活用、そして一人一人の口コミの大切さ。「興味があるけどどうしようかな」というボーダーライン層を出席に導くための一押し。発信の仕方に関するポイントを整理します。

発信の担当者を必ず置く

まず大切なのは、「まちのえき」に広報・発信を専門に行う人・チームを設置することです。撮影・編集、デジタル技術を持っている人などがいたらベストですが、写真や動画の撮影が好きで最低限のデジタルスキルのある方がいれば、広報・発信担当としては十分です。

「まちのえき」の立ち上げや準備・活動の状況、コアメンバーの紹介など、写真や動画を撮影しておけば、後々いろんな活用ができます。動画の編集やSNSでの発信などは別の方にお願いすることも可能なので、とにかく現場に顔を出し、素材となるいろんな写真や動画を撮影する人が必要です。

可能であれば、簡単なチラシや説明資料をデザインしてくれる「ちょっとセンスの良い人」がいてくれれば発信の幅が広がります。チラシ1枚で集客や活動内容への理解は格段に変わります。仕事としてやっているデザイナーがいれば謝礼を出してでもお願いするほうが良いでしょう。

そして、若い世代にも、撮影された写真・動画やデザイナーの作成したチラシ、当日の活動の様子などをSNSにアップするなど、広報のアイディア出しや実施への協力などで力を貸してもらいましょう。発信は、若者の地域参加や活躍の場としてピッタリな分野です。

自治会員をＳＮＳでつなぐ

集客のためには各種の発信手段を活用して広く声掛けすることが不可欠です。高齢者が多い自治会活動でもＳＮＳの活用は不可欠になりつつあります。

ＬＩＮＥなどのＳＮＳを使って自治会のグループを作成し、こまめな連絡を可能にするのはもちろん、Ｘ（旧ツイッター）を活用して、活動内容を発信するなど、効果的に自治会員、特に子育て層にも来てもらえるよう、周知を図ってください。

速報性の高いＳＮＳでの発信ができれば、午前の会場の盛り上がりを見て午後に住民が来るという効果も期待できます。

また、単なる周知ではなく、会員の意見を聞いたり、オンラインで議論したり、簡易なアンケートをしたり、と「まちのえき」の運営に幅広く活用できます。

自治会員全員がスマホを活用できることを将来の目標として少しずつ対応していく地域と、「高齢者にスマホは無理」と何もしないうちからあきらめる地域とでは、10年後に大きな差が出ることは間違いありません。

掲示板や回覧板などのアナログな発信も活躍する

これまで主にデジタル技術を活用した発信手段を紹介してきましたが、アナログな広報ももちろん必要です。まちを歩いていても自治会の掲示板の前に立ち止まり、掲載物に目を通している方がいます。回覧板も多くの世帯に届くという意味ではやはり強力なメディアです。

掲示板や回覧板に使うチラシは、読み飛ばされないようにデザインを工夫してください。また、QRコードなどをつけて詳細な情報や写真・動画などにアクセスしてもらうなど、デジタルとアナログの融合も効果的です。

一度目にしただけで「まちのえき」に行こう、とはならないかもしれませんが、知り合いに会って「まちのえき」の話が出た際、「なにそれ、知らない」なのと、「ああ、回覧板で見たイベントね」とでは、受け止め方やその後の対応も違ってきます。

学校が持つメディアは最高の発信ツール

学校は子育て世帯に対する効果的なメディアを有しています。子どもたち全員が持って帰る各種のお便りやチラシは効果的な広報手段ですし、今は子ども一人につき1台のタブレットがあるので、それを通じて地域のイベントを発信できます。保護者ともアプリを通じてつながっている学校が多いので、当該アプリを利用していろんな情報も送れます。

「まちのえき」のイベント情報なども、特に子どもが関係するような取り組みであれば、校区の子どもたちやその保護者に情報提供してもらえる可能性はあります。情報が全員に行き渡りますし、子どもたちや保護者同士のつながりの中で「一緒に行ってみようよ」という会話が生まれる可能性も高く、とても効果的です。

自治体の広報紙や新聞・テレビを活用する

自治体の広報紙や新聞・テレビなどのメディアに地域のイベントを取り上げてもらうことも効果的です。自治体広報は地域の面白い取り組みや携わる市民を紹介するのも大きな使命なので、「まちのえき」の大きな事業や面白い切り口の取り組みをする時にはぜひ自治体の広報課に相談してみましょう。

新聞やテレビは地域や校区を超えたメディアなので、そう簡単に掲載はしてもらえませんが、自治体の記者クラブは、行政だけでなく、市民や事業者による地域活動の情報も投げ込んだり、会見したりすることが可能です。大きなイベントや新しい取り組みを始める時は、自治体の広報にも力を借りつつ、メディアに情報発信するのも手です。すぐには記事にならなくても、長期休暇時の記事として使われることがあるかもしれません。このようにして記者とご縁ができ、「面白い取り組みをする自治会だ」と認識してもらえれば、次のイベントも気にかけてくれるようになります。なんと言っても一般紙やテレビの影響力は大きいので集客や周知への大きなプラスが見込めます。

最後は口コミ、誘い合い

いろんな発信方法がありますが、最後はやはり「ぜひ一緒に行きましょう！」という住民相互の口コミが効果的です。

掲示板で素敵なデザインのチラシを見ても、SNSで面白そうなイベントの情報に接しても、それだけでは来てくれない人の方が多いでしょう。「興味があるけどどうしようかな」「行ってもいいけどちょっと面倒だなあ」と言ったボーダーライン層は結構いますが、放っておくとほとんどは来ません。だからこそ、ボーダーライン層の背中を最後に一押しして、「あの人も行くのならちょっと行ってみるか」に変えることが必要であり、出会った時に、「一緒に行かない？」の一言を掛けることが重要です。もちろんSNSを介した口コミ、声掛けでも良いと思います。

「素敵なコンテンツ」と「一緒に行く人がいる／会場に行ったら知り合いがいそう」の両方が合わさって初めて、「まちのえき」へと人の足を向かわせることができるのです。

「まちのえき」の1回目は、取り組みやすいことから始めるのが鉄則なのは前述したとおりですが、同時に1回目にある程度の手ごたえがなければ次に向かうモチベーションが生まれないのも事実です。

だからこそ、内容面での工夫はもちろんですが、デジタル、アナログ、口コミなどを総動員して、

1回目の「まちのえき」に多くの方が参加してくださるよう、発信を頑張る必要があるのです。

5－4　収益の確保、持続可能な運営

「まちのえき」を持続可能な形で発展させていくために必要なこととして、最後に述べておきたいことは「お金」です。

本市では、第4章で紹介したように行政からの支援は3年間、最大100万円ありますが、逆に言えばこの期間中に、行政の支援がなくてもやっていけるだけの収益性を確保しなければなりません。

会費収入や行政からの補助金以外の収益をきちんと確保できている自治会は少ないですが、これからの時代に必要な地域拠点となるためには、収益の確保も自治会自身が考えていかなければなりません。そのためのいくつかのヒントを紹介します。

寄付を積極的に活用する

最初に考えるべきことは、いろんな方からの寄付を積極的に募っていくことです。

寄付と言ってもいろんなものがあり、地域住民からいただくもの、事業者からの協賛もあれば、お金ではなく、物品の寄付やサービスや労働を提供いただくケースもあります。自宅や空き家を無料で使わせていただくこともあるでしょう。

1 地域のご家庭からの寄付・協賛

本書でも随所で触れていますが、「まちのえき」の運営には、地域住民の支援が不可欠です。スタッフとして貢献いただくのも大きな支援ですし、家で採れた野菜、不要になった本や漫画、食べきれないお菓子や使わない食器などの提供も助かります。野菜やお菓子は「まちの食堂」で、書籍や漫画は「まちの図書館」で活用できますし、食器などは後述するように販売することが可能だからです。

私は、「まちのえき」に来る時には手ぶらで来ずに、家で余ったお菓子でも野菜でも、生ごみでもいいので何か持ってきてください、と伝えています。持ってくるものがなければ、自治会館に来た時に掃除をしたり、公園に来た時に草引きやごみ拾いをするなど、少しでも貢献して帰っていただくようにお願いもしています。住民が地域の世話になるだけでなく、小さなことで良いので地域に貢献して帰るのが「まちのえき」の基本的なルールです。

2 地域の事業者からの協賛

地域の事業者からの協賛もお願いしてみましょう。接点のない事業者からの支援は難しいかもしれませんが、「まちのえき」に弁当や商品を販売に来ている事業者などにお願いしてみるのです。事業者の利益が順調に伸びているようであれば「出店料」をいただくことを検討しても良いですし、大きなイベントの際の協賛をいただくことから始めてもよいでしょう。そのためには、より多くの住民がお買い物をしてもらうことが重要なので、買い物をすることで「まちのえき」に貢献するよう、地域の方にお願いしておくことも必要です。

3 地域出身者や地元住民を対象にしたクラウドファンディング・寄付の募集

地元出身者や地域住民からの寄付をいただくためのクラウドファンディングやふるさと納税の活用も考えられます。住宅都市は、大学や社会人になるタイミングで故郷に両親を残して大都市に出ていく傾向が相対的に強い地域です。このような地元出身者は、故郷に残している高齢になった両親をいつも気にかけておられます。両親が住む地域に「まちのえき」のような地域での互助の場があることを応援してくれる可能性があります。ご支援いただきやすいように、ふるさと納税の使途に「まちのえき」への支援を追加したり、学校単位や自治会単位でふるさと納税を受け付けられるようにすることも一考です。

また、地域住民の中には、長年暮らしている地元に対して恩返しがしたいが、どのようにやればいいかわからない、という方が少なくありません。「まちのえき」を立ち上げるので応援してほしいということを回覧板などで意思表示しておけば、「ボランティアなどはできないけれど、いくらか寄付で応援したい」という方がおられるかもしれません。

コーヒーを無料で出さない

次に考えるべきは、販売・サービス収入の増加です。

自治会活動は会費を取って運営しているので、「まちのえき」の活動については自治会収入を活用し、原則無料でやらないといけないのではないか、という価値観があることは理解できます。

しかし、広報紙の配布やごみ集積所の運営から各種の相談・対応、自治会行事の運営・調整・実施など、自治会が会費を使って会員のために取り組んでいることはたくさんあります。「まちのえき」の活動は、住民の課題やニーズに応える新しい挑戦という側面が強い取り組みですので、楽しんだり、助けられたりする人から必要に応じて参加費・サービス費をいただくのは当然ですし、すべて無料にしてしまった時点で「まちのえき」は持続可能性を失います。

自治会員以外にもサービスを提供する場面もあるでしょうから、商品やサービスに応じた対価をもらうほうが却って円滑な運営ができる可能性もあります。

1 カフェやランチでの販売

自治会が運営するカフェやランチでの販売は、地域住民に人気のある取り組みです。本市の「まちのえき」でも、サンドイッチ、スープ、デザートにコーヒーが楽しめるモーニングセットや手軽に食べられるカレーなどが売れ行き好調です。地域食堂の開催時は、大人から３００円前後の食事代はいただくべきです。

もちろん、多くの方に来てもらい、お互いに助けあう場でもあるので高すぎる料金設定をしては本末転倒ですが、材料費、手間賃プラスアルファくらいはしっかりいただき、次の活動資金にしたり、ボランティアにお気持ち程度でも謝礼を出したりすることは必要です。

何事も最初が肝心、と言われますが、最初に、「試行期間だから」とか「スタッフもまだ慣れてないから」などの理由で無料に設定してしまうと有料にするタイミングが難しく失敗しますので、最初から有料を原則として運営するほうが良いのです。

2 各家庭にある不要品の販売

地域住民から不要な品物を募れば、断捨離ブームとも相まって、たくさんの物が集まります。売れないものが集まっても仕方ないので工夫や一定の目利きは必要ですが、本や書籍、食器や電子用品、サイズアウトした子ども服など、「まちのえき」で集め、フリーマーケットやメルカリなどで販売してみましょう。販売を子どもたちにお願いすると、子どもの成長や経験の貴重な機会になります。

お金の寄付に抵抗感のある方も、物品の提供には協力的なことも多いので、1年に2、3回定期的に不要品を寄付してもらう機会をつくってみましょう。地域内でのリユースや販売による流通の場があると地域の暮らしが少し豊かになり、賑わいも生まれます。

3 講座の受講料など

「まちのえき」では、各種の講座やイベントも行っています。基本無料で良いと思いますが、有料にしても良いような、レベルの高いイベントもあるはずです。地元在住のプロの演奏家のミニコンサート、スマホ教室、コミュニティナースによる健康相談など、プロが行うイベントや、集客力が高く、募集定員を超えるような事業は有料にすることも必要です。

4 クラウドファンディングの活用

大きなイベントをする時は、クラウドファンディングを活用することも一考です。

民間企業のクラウドファンディングのサービスは結構高い手数料がかかるので、「まちのえき」の普段の活動にはあまり活用する機会もないと思いますが、「まちのえき」でキッチンカーを買いたい、年に一度の大きな祭りをしたい、「まちのえき」の新事業をするために一定の設備投資が必要だ、などの節目のタイミングでは効果的に活用できるかもしれません。

行政からの支援や地域住民や事業者のご寄付やサービス・商品の販売収入を活用することを優先すべきですが、中期的な財政面での自立を考えれば、地域出身者を含むより多くの方への周知と支援の広がりも期待できるクラウドファンディングも選択肢に入れておくことは有効です。

おわりに――「まちのえき」のこれから

住宅都市にとって厳しい時代になっています。

高度経済成長時代に転入した働き盛り世代が退職して高齢者となり、また、住宅価値が逓減していくので固定資産税も住民税も減少していきます。全国的な人口減少により、より便利な生活を求める人は都心を目指し、より自然な生活を求める人はテレワークで働きながら山間部へと向かいます。「都心から近くて自然も豊か」が売りだった住宅都市の魅力に陰りが見えているとも言えます。

また、大都市には大きな企業や大学などが多く社会的な基盤が豊かに整備されています。過疎地域には森林・海洋資源などの自然環境が豊かに存在します。郊外の住宅都市の最大の宝物は「ひと」ですが、「ひと」を活かし、ともに進めるまちづくりは、市民一人一人の想いも個性も多様であり、一筋縄ではいきません。特に住宅都市の市民は大都市部に通勤し、普段は地元で過ごす時間が短く、転入世帯も多いことから、地元への愛着が比較的希薄な人も多く、市民との協働・協創によるまちづくりも口で言うほど簡単なことではないからです。大都市部や過疎地域に比べて、郊外の住宅都市の地方創生の事例が目立たない理由もそこにあるのではないでしょうか。

一方で、見方を変えれば、このような住宅都市のピンチは、「ひと」を中心に据えたコミュニティづくり、少子高齢化時代に必要な社会的インフラを整備する絶好のチャンスでもあります。コロナ禍でコミュニティが大きな打撃を受けたことが、かえって市民の皆様にコミュニティの大切さを再認識してもらう結果となった今こそ変革の時。病院や学校、バスなど公的なサービスが当たり前ではなくなってきた少子高齢・人口減少時代だからこそ、新しい挑戦が必要です。

「ひと」を活かしたまちづくりは大変ですが、それでも「ひと」と丁寧に向き合いまちづくりを進めるしかないという覚悟を決めて進みましょう。郊外の住宅都市は、一人一人の顔が見える、住民との絶妙な距離感が、大都市にはない強みです。「ひと」を活かし、市民・事業者・行政がともに汗をかいて進めるまちづくりは手間も時間もかかりますが、信頼関係を紡いで一度立ち上げれば長く将来に役立つ大切な宝物になります。「ひと」の力が一番強いのです。

生駒市版「まちのえき」は現場発の取り組みであると同時に、これからの日本社会のあり方に大きな一石を投じる挑戦です。全国の皆様にも賛同いただき、連携し、丁寧に「ヒト」と「ヒト」との関係を紡ぎながら「まちのえき」のようなコミュニティを築き、未来に残せる最先端で温かさのある社会的インフラを我が国に創っていきましょう。

本書の執筆に当たり、株式会社学芸出版社の前田様には、構成、文章表現、レイアウトなどさまざまな角度からのご指導を賜り、全面的にお世話になりました。「建築・まちづくり・コミュニティ・デザイン」の専門書・実務書を出版しておられる学芸出版社の書籍は、私も多く手にし、熟読し、まちづくりに活かしてきました。そんな出版社から自身の著作を出版できることはこの上なく光栄なことです。本当にありがとうございました。

また、私が本書で書いていることは、現在の生駒市役所の業務を始め、これまでの職務経験はもちろん、市民の皆様や全国の仲間たちとのコミュニケーションから学んだことが多数盛り込まれています。それらの土台や経験があるからこそ、本書で述べているさまざまな言葉に説得力が生まれ、私も自信を持って筆を進めることが可能となりました。これまでお世話になったすべての方々に、この場を借りて感謝を申し上げます。

特に、生駒市版「まちのえき」を立ち上げてくださっている地域の皆様、応援してくださる事業者・関係者、本事業を担当している本市の地域コミュニティ推進課のメンバーは、日頃からそれぞれの現場で「まちのえき」の活動に汗をかき、多くの住民が楽しく集まり、安心して毎日を過ごせる場・機会を創ってくださっています。中でも、前・地域コミュニティ推進課長の梅谷信行氏には、「まちのえき」の立ち上げから軌道に乗せるまで、多大なるご尽力を賜りました。本当にありがとうございます。

最後に。市長もまた一人の市民であり、地域の住民です。

一市民としての私を受け入れてくれる地域の皆様や友人各位、そして何よりも、毎日忙しくも幸せな時間をともに過ごしてくれる妻と4人の子どもたちに心からの感謝を述べて、筆を置きます。

2024年8月吉日　　奈良県生駒市長　小紫　雅史

https://www8.cao.go.jp/kourei/whitepaper/w-2018/html/zenbun/s1_3_2_1.html
5　内閣官房（デジタル田園都市構想実現会議事務局）／経済産業省「地域経済分析システム（RESAS：リーサス（平成 30 年度）」
6　生駒市商工観光ビジョン（令和 5 年 12 月改訂）
https://www.city.ikoma.lg.jp/0000034868.html
7　PRTIMES（2023 年 3 月 8 日）「流通総額 8.8 億円達成、コロナ禍の地域支援プレミアムチケット「さきめしいこま」4 回実施の利用者の声」
https://prtimes.jp/main/html/rd/p/000000256.000045433.html
8　生駒市（2024 年 6 月 3 日）「生駒市移動販売等支援パートナーズの概要」
https://www.city.ikoma.lg.jp/0000032110.html
9　小紫雅史（2020 年）『「生駒市発！「自治体 3.0」のまちづくり』学陽書房
10　内閣府『平成 30 年版高齢社会白書』
https://www8.cao.go.jp/kourei/whitepaper/w-2018/html/zenbun/s1_3_2_1.html

第 4 章　「まちのえき」の立ち上げ方

1　小紫雅史（2020 年）『「生駒市発！「自治体 3.0」のまちづくり』学陽書房
2　総務省消防庁（2023 年 10 月 27 日）「令和 5 年（5 月から 9 月）の熱中症による救急搬送状況」
https://www.fdma.go.jp/disaster/heatstroke/items/r5/heatstroke_nenpou_r5.pdf
3　警察庁「交通事故発生状況の推移（2018 ～ 2022 年）」
https://www.npa.go.jp/hanzaihigai/whitepaper/2023/zenbun/siryo/siryo-12.html
4　生駒市「おたすけ帳（2024 年 4 月保存版）」
https://www.city.ikoma.lg.jp/cmsfiles/contents/0000018/18110/R6.pdf
5　生駒市（2024 年）「どこでも講座」
https://www.city.ikoma.lg.jp/0000001909.html
6　生駒市（2022 年 6 月 1 日）「いこま SDGs アクションネットワークについて」
https://www.city.ikoma.lg.jp/sdgsaction/0000027254.html#index-1-22

第 5 章　成功のポイント

1　小紫雅史（2020 年）『「生駒市発！「自治体 3.0」のまちづくり』学陽書房
2　内閣府『平成 30 年版高齢社会白書』
https://www8.cao.go.jp/kourei/whitepaper/w-2018/html/zenbun/s1_3_2_1.html

注：参考文献の web 最終閲覧は、いずれも 2024 年 7 月。

9　農林水産省「全国耕作放棄地面積の推移について」
https://www.maff.go.jp/j/budget/yosan_kansi/sikkou/tokutei_keihi/seika_R2/ippan/attach/pdf/R2_ippan-14.pdf
10　矢野経済研究所「ガーデニング・家庭菜園市場に関する調査を実施（2022年）」https://www.yano.co.jp/press-release/show/press_id/3191
11　生駒市（2024年）「生駒市ごみ組成調査」
https://www.city.ikoma.lg.jp/0000024063.html
12　京都市（2023年）「家庭ごみの細組成調査」
https://www.city.kyoto.lg.jp/kankyo/page/0000248968.html
13　内閣府「高齢者の住宅と生活環境に関する調査結果（平成30年度）」
https://www8.cao.go.jp/kourei/ishiki/h30/zentai/index.html
14　内閣府規制改革推進会議厚生労働省提出資料（2023年12月18日）
https://www8.cao.go.jp/kisei-kaikaku/kisei/meeting/wg/2310_04medical/231218/medical01_01_01.pdf
15　内閣官房こども家庭庁設立準備室（2023年1月19日）「こども・子育ての現状と若者・子育て当事者の声・意識」
https://www.cas.go.jp/jp/seisaku/kodomo_seisaku_kyouka/dai1/siryou5.pdf
16　doda（パーソナルキャリア、2023年10月23日）「ホンネの転職白書― 働き方や働く場所はどう変わった？　リモートワーク・テレワークの実態調査」https://doda.jp/guide/ranking/102.html
17　国土交通省（2022年3月）「令和3年度テレワーク人口実態調査－調査結果（概要）」https://www.mlit.go.jp/report/press/content/001471975.pdf
18　警察庁「令和5年の犯罪情勢（令和6年2月）」
https://www.npa.go.jp/publications/statistics/crime/situation/r5_report.pdf
19　生駒市（2024年6月14日）「いこまちマーケット部」
https://www.city.ikoma.lg.jp/0000033062.html

第3章　「まちのえき」の現状と多様な効果

1　奈良県「奈良県の健康寿命」
https://www.pref.nara.jp/secure/154416/sR03-65.pdf
2　厚生労働省「令和3年度介護保険事業状況報告」
https://www.mhlw.go.jp/toukei/list/84-1.html
3　生駒市（2024年3月）「生駒市高齢者保健福祉計画・第9期介護保険福祉計画」https://www.city.ikoma.lg.jp/cmsfiles/contents/0000034/34827/honpen.pdf
4　内閣府『平成30年版高齢社会白書』

参考文献

第1章　なぜ「まちのえき」が必要なのか

1　厚生労働省（2023年）『令和4年簡易生命表』
https://www.mhlw.go.jp/toukei/saikin/hw/life/life22/dl/life22-02.pdf
2　総務省「統計トピックスNo.138　統計からみた我が国の高齢者」
https://www.stat.go.jp/data/topics/pdf/topics138.pdf
3　内閣府（2022年）『令和4年版高齢社会白書』
https://www8.cao.go.jp/kourei/whitepaper/w-2022/zenbun/pdf/1s1s_03.pdf
4　厚生労働省「令和5年（2023）人口動態統計月報年計（概数）の概況」
https://www.mhlw.go.jp/toukei/saikin/hw/jinkou/geppo/nengai23/index.html
5　国立社会保障・人口問題研究所「第16回出生動向基本調査」（2021年6月）
https://www.ipss.go.jp/ps-doukou/j/doukou16/doukou16_gaiyo.asp
6　総務省（2022年4月）「地域コミュニティに関する研究会報告書」
https://www.soumu.go.jp/main_content/000819371.pdf

第2章　「まちのえき」でのさまざまな活動

1　厚生労働省「国民健康・栄養調査（令和元年度）」
https://www.mhlw.go.jp/content/10900000/000687163.pdf
2　文部科学省（2023年3月29日）「令和3年度社会教育統計の公表について」
https://www.mext.go.jp/content/20230323-mxt_chousa01-000023559_1.pdf
3　株式会社ベネッセコーポレーション記者発表資料（2023年10月19日）
https://berd.benesse.jp/up_images/textarea/datachild/datashu04/datashu04_pdf_2.pdf
4　文部科学省（2021年3月）「『個別最適な学び』と『協働的な学び』の一体的な充実」（1）主体的・対話的で深い学びの実現に向けた授業改善
https://www.mext.go.jp/a_menu/shotou/new-cs/senseiouen/mext_01498.html
5　内閣府（2024年3月）「令和4年度青少年のインターネット利用環境実態調査」
https://www.cfa.go.jp/policies/youth-kankyou/internet_research/results-etc
6　株式会社ボーネルンド（2018年10月1日記者発表）
https://www.bornelund.co.jp/contents/uploads/sites/2/2018/10/518888158eb7bd01cbc61c1b72406195.pdf
7　笹川スポーツ財団調査（2023年11月）
https://www.ssf.or.jp/thinktank/children_youth/preschool_2023.html
8　国土交通省「都市公園等整備の現況（令和4年度末現在）」
https://www.mlit.go.jp/toshi/park/content/01_R04.pdf

■著者略歴

小紫雅史（こむらさき まさし）

1974 年兵庫県生まれ。奈良県生駒市長。

1997 年 3 月、一橋大学法学部卒業後、環境庁（現 環境省）入省。ハイブリッド自動車税制のグリーン化などに従事。2007 年から在米日本国大使館に 3 年間勤務。2011 年に全国公募で生駒市副市長、2015 年に生駒市長に就任し、現在 3 期目。市民と行政が共に汗をかく「自治体 3.0」のまちづくりや先進的な人事政策などに取り組み、全国から注目を集める。2019 年度マニフェスト大賞優秀賞受賞。シラキュース大学マックスウェル行政経営大学院修了（行政経営学）。

主な著書に、『10 年で激変する！「公務員の未来」予想図』（学陽書房）、『地方公務員の新しいキャリアデザイン』（実務教育出版）など。

[本書ホームページ]

https://book.gakugei-pub.co.jp/gakugei-book/9784761529055/

まちのえき
歩いて行ける拠点づくり

2024 年 10 月 10 日　第 1 版第 1 刷発行

著　者　小紫雅史

発行者　井口夏実

発行所　株式会社学芸出版社
京都市下京区木津屋橋通西洞院東入
電話 075 − 343 − 0811　〒 600 − 8216
http://www.gakugei-pub.jp/
info@gakugei-pub.jp

編集担当　前田裕資

組版担当　真下享子

装　丁　金子英夫（テンテツキ）

印　刷　イチダ写真製版

製　本　新生製本

ISBN 978 − 4 − 7615 − 2905 − 5